アドラーを読み解く

著作から学ぶ個人心理学

中野 明

Akira Nakano

Books of Adler
Understanding Individual Psychology from his writings

Alfred Adler

アルテ

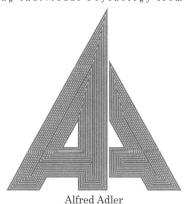

すべての人の目標は、優越するというものである。しかし、勇気と自信を失った人の場合は、それは人生の有用な面から有用でない面へと方向が転じられる。

『人はなぜ神経症になるのか』P24

はじめに

●アドラーが打ち立てたアドラー心理学

アルフレッド・アドラー（1870〜1937）が創始したアドラー心理学（個人心理学）では、私たち人間はおしなべて、目標を追求し達成しようとする欲求を持ち、そしてたとえ一つの方向で失敗しても、別の方向で目標を達成し、欲求を満たす存在だと考えます。

そのためアドラー心理学では、ある人間（もしかするとその人は心理的病を持っているかもしれません）のことについて知ろうとしたならば、その人が持つ目標を知らなければならないという立場をとります。そうでなければ、その人の行為や行動は理解できない、とアドラー心理学では考えます。

人が目標を持つ、一つの大きな原動力となるものが、劣等感です。私たちは誰しも、他のものと比較すると、劣っている点があります。これを劣等性といいます。この劣等性に対して負い目を感じた時に生じるネガティブな感情が劣等感です。

一般的に私たちは劣等感を悪玉だと考えます。ところがアドラー心理学では、必ずしも劣等感をネガティブな対象としてはとらえません。むしろ、劣等感を克服する（心理学では補償するとよくいいます）ために、人間は前向きな目標を立てるものだと考えます。そして、その目標を達成することで劣等感を補償します。

例えば、私たち人間は、馬のように速くは走れません。「なんで馬のように速く走れないのだろう」と考えた時、人間は劣等感を持ちました。そして、この劣等感を補償するために、人間は乗馬や自転車、バイク、自動車を発明してきました。

同様に私たちは、鳥のように空を飛ぶことができません。劣等感を持った人間は、気球や飛行船、飛行機、ヘリコプター、さらにはロケットを開発しました。

このように私たちの身の回りにある、人類に貢献する物事は、劣等感の補償に端を発していると も考えられます。実際アドラーは、人間が作り出した文化のすべては劣等感に基づいているとさえ主張しています。

ただし、劣等感から生み出される目標には、その人の人生にとって有用である目標とそうでない目標があることに注意が必要です。私たちが人類に貢献する目標を有している時、それは人類にも、そしてその一部である自分自身にも有用となります。これに対して自己利益のみを追求し、周囲に何の貢献もしないような目標は、その人の人生にとって有用な目標とは言えません。

有用でない目標を持つ人は、自己利益しか考えませんから、対人関係に問題が生じ、社会との摩擦も深まるでしょう。仕事もなかなか思い通りにはいきません。パートナーとの関係もぎくしゃくします。

アドラー心理学では、こうした不適切な目標を持っている人に気づきを与え、一緒に新たな目標について考え、その目標に向けて行動するよう、その人の背中を押します。

シンプルにとりまとめると、以上がアドラーの提唱したアドラー心理学の根底にある考え方になっています。

●アドラーの11作品からアドラー心理学を知る

アドラーは生前に19冊の著作を通じて、アドラー心理学の考え方を世に問いました。それらはアドラー心理学を成立させている基本事項について解説したものから、アドラー心理学によるカウンセリングの実際まで多岐にわたります。

一方、現在日本で容易に手に入るアドラーの著作としては、アルテ版の岸見一郎訳「アドラー・

セレクション」全11作品（全12冊）があります。本書ではこの11作品を中心に、アドラーが築いた心理学のエッセンスを解説したいと思います。その際にアドラー心理学を理解する上で欠かせないキーワードを六つ取り上げ、このキーワードに関する記述を作品から引用する形で、アドラーの考えを明らかにするようにしました。

取り上げたキーワードは、「劣等感」「目標」「ライフスタイル」「共同体感覚」「人生の三つの課題」「人生の意味」の6種類で、それぞれに1章をあてました。もっとも、これらは各論に相当しますから、アドラー心理学の全貌を概観するため、冒頭には総論にあたる章を置きました。まずは第1章の総論で、アドラーの生涯およびアドラー心理学の全体像を把握し、その上で各論に斬りこめば、理解もぐんと進むに違いありません。

読者の皆さんがアドラー心理学を理解する上で、本書が少しでもお役に立てること、これが筆者の「目標」です。もちろん目標が達成されることを心から願う次第です。

目　次

第5章　共同体感覚

第1章　個人心理学へのアプローチ

個人心理学は、人間の精神のすべての現象を、一つの目標に向けられているかのように見なすのである。

『人間知の心理学』P25

●アドラーの生涯をたどる

最初にアドラーの生涯について駆け足でたどることにしましょう。

アルフレッド・アドラーは、1870（明治3）年2月7日、オーストリアのウィーンに近いルドルフスハイムに、ユダヤ人の父レオポルド、母パウリーネの間に生まれました。両親は7人の子どもをもうけ、アドラーは2番目の男の子でした。

4歳頃、アドラーはジフテリアにかかった弟ルドルフの死に遭遇します。また5歳頃にはアドラー自身が肺炎で死の瀬戸際の経験をしました。このような体験からアドラーは、死を克服する職業、すなわち医者を目指すことになります。

１８９５年、ウィーン大学で医師の資格を得たアドラーは眼科医として働き始め、その後、一般医療に従事するようになります。１８９８年には、ツェーリンガッセ7丁目のレオポルドシュタット地区に自分の病院を開業しています。

またこの前年の12月、アドラーは一生の伴侶となるライサ・エプスタインと結婚しました。ライサはモスクワ近郊に住む大地主の娘でアドラーと同じくユダヤ人です。ライサはチューリッヒ大学で生物学と動物学を学び、またフェミニストで政治活動にも積極的な女性でした。

結婚の翌年に長女、１９０１年に次女をもうけます。ただ、活動的なライサにとって子育ては苦痛だったようです。彼女の興味は政治活動であり、アドラーがロシアのマルクス主義思想家レフ・トロツキーを知るようになるのもそんなライサの活動をとおしてでした。

ところで、アドラーが開院した病院の近くにプラター遊園地がありました。古くから大観覧車で有名なウィーンの娯楽施設です。

アドラーの病院には、このプラター遊園地で働く曲芸師や道化師がやって来ました。彼らの相談に快くのっていたアドラーは、彼らが身体的な問題を抱えていて、それを克服するために厳しい訓練に耐え、現在の強靱な肉体を得るようになったことを知ります。

アドラーがこのとき曲芸師や道化師から聞いた話は、劣等感が神経症の原因になることもあれば、活力と勇敢さを伸ばす要因にもなるという、アドラー心理学の基本となる考え方に大きな影響を及ぼすことになります。この点についてはのちに詳しくふれることになります。

またこの頃アドラーは、心理学にも関心を寄せるようになりました。そして１９０２年、精神科医ジグムント・フロイトの誘いを受けて、フロイトが主宰する討論グループに参加します。このグループはやがてウィーン精神分析協会へと発展しました。

ウィーン精神分析協会に在席していたことから、アドラーはフロイトの弟子と言われることがあります。しかし、アドラーはフロイトからの招待でグループに参加しており、２人は師弟関係にあるのではなく同僚の関係でした。

ちなみに、このウィーン精神分析協会にはユング心理学の創始者カール・グスタフ・ユングも参加しています。つまり19世紀が生んだ心理学の3巨頭がこの時期同じグループに所属していたわけです。ただ、アドラーとユングとの交流はほとんどなかったようです。

その後、アドラーとフロイトの関係も微妙になります。というのも、自説を支持しない人物を排除するフロイトは、アドラーの主張する学説を疎んじるようになったからです。こうして１９１１年、結局両者は袂を分かちます。アドラーは自由精神分析研究会を設立し、１９１４年には会の名称を個人心理学会と改称しました。また、フロイトとの関係が険悪になる頃から、アドラーは診療所での治療をやめて精神科医に専念していました。

第一次世界大戦中、徴兵されたアドラーは従軍医師となります。アドラーにとって軍医の経験は、その思想に大きな影響を与えました。

というのも、自国の民であれ敵国の民であれ、人類は皆仲間であり、戦争は同胞に対する組織的な殺人と拷問だ、とアドラーは考えるようになったからです。アドラーのこの考えはさらに発展し、やがて人が全体の一部であること、全体とともに生きていることを実感すること、いわゆる共同体感覚の重要性を主張するようになります。

第一次世界大戦終了後の1919年、荒廃したウィーンでは社会民主党が政権を握り、アドラーは市政改革の一環として、「教育制度が心理学の知識を利用できるようにすること」（『子どもの教育』P145）を目指す教育改革を提唱しました。アドラーの活動は問題行動のある子どもについて、本人はもちろんその親と教師、そして心理学者がともに話し合う児童相談所の設置として実を結びます。

1926年、アドラーは初めてアメリカを訪れて講演を行いました。アメリカでのアドラー人気が高まると、アドラーは繰り返してアメリカを訪れます。そして自身がユダヤ人であることから、ナチスの魔手から逃れるために、1935年にアメリカへ移住します。

アメリカでのアドラーは、精神科医として治療活動を行い、ロングアイランド医科大学の教授に就いて医学心理学の講義も行っていました。アメリカでのアドラー人気は非常に高く、すでに１９３０年代半ばまでにアドラーは、アメリカで最も収入のある講演家としてお抱え運転手付きの高級車で各地を飛び回っていました。

１９３７年、アドラーは講演でヨーロッパへ向かいます。この頃のアドラーは、ロシア政府に拉致された長女のことで心を痛め体調もすぐれませんでした。おそらく心労に過労が加わっていたのでしょう。

５月の終わり、アドラーはスコットランドにあるアバディーン大学で４日間の連続講義を行いました。最終日の5月28日の朝、泊まっていたホテルから散歩に出掛けた際に、アドラーは心臓発作で倒れ、救急車の中で息を引き取りました。享年67でした。

●劣等感に注目したアドラー

67年という決して長くはない生涯でアドラーが打ち立てた心理学を「アドラー心理学」、正式には「個人心理学（Individual Psychology）」と呼びます。人の心理的過程は「individual ＝分解できない」というアドラーの立場からこの名がつきました。

そして、この分割できない存在である人間について知るには、人間が決定と選択の能力をもち、自ら選んだ目的や目標に向かって生きるという点を理解しなければならない、とアドラーは考えました。アドラーは言います。

人間の精神生活は、目標によって規定される。考えることも、感じることも、欲することも、それればかりか夢を見ることも、これらすべては規定され、条件づけられ、制限され、方向づけられるのでなければできないのである。(中略)個人心理学は、人間の精神のすべての現象を、一つの目標に向けられているかのように見なすのである。

『人間知の心理学』P25

アドラーの主張に従うと、一見不可解な行動をする人についても、その背景には明確な目的や目標があることになります。したがって、その人について理解するには、行動や活動の背景にある目的や目標を明らかにする必要があります。

では、そもそも人はどのようにして、このような目的あるいは目標を持つようになるのか。この問いに対する有力な回答の一つに、アドラーがことのほか注目した「劣等感」があります。

人間は劣等感を克服すなわち「補償」するために、さまざまなものを作り出してきました。人類は集団で生活をしますが、これは他の動物に比較して体力的に劣るため、自分の生命を守るためにそのようにしたのだとアドラーは考えました。つまり肉体的劣等性に起因する劣等感が、人類に徒党を組ませる、言い換えると共同体を形成させる原動力になった、とアドラーは言うわけです。

また、他人と仲間になって共同体を作るにはコミュニケーションが欠かせません。加えて、共同体を維持していくのにも、コミュニケーションが不可欠です。こうして人類はコミュニケーション・ツールとしての言語を開発しました。ですから、言語も人間の劣等性に起因する、言い換えると劣等感を補償するために作られた道具だと言えるわけです。

それから、いつかは死ぬことを悟った人類は、「永遠」に対立する「死」から派生する劣等感を補償するために、宗教や哲学を生みます。音楽や芸術といった美を追求する活動も、不完全な人間存在に対する補償活動と考えることができるでしょう。

さらに、人間の共同生活によって成立する共同体は、やがてその規模が大きくなります。現代の我々はこの共同体のことを社会と呼んでいます。よって、アドラーに従うと、この社会自体も人間の劣等感が作り出した産物ということになります。

このようにアドラーは、人間のあらゆる営みの背景に劣等感が横たわっていると考えました。実際アドラーは「人間であるとは劣等感を持つことである」（『生きる意味を求めて』Ｐ79）と述べたほどです。だからアドラー心理学は「劣等感の心理学」とも呼ばれるわけです。

もっとも、人間活動の原動力とも言えるこの劣等感が持つ強力なパワーを、我々は正の目標ではなく負の目標に向ける場合がよくあります。

たとえば、腕力に自信がない人が集団を組んで暴力行為を働くのは、劣等感の補償が負の目標に向かう典型です。あるいは他人から重要人物と見られたい人は、大きな借金をしてでも高級な自動車に乗るかもしれません。これも劣等感の補償が負の目標を目指しています。

では、劣等感のパワーを注入すべき正の目標とは——?

答えはとても簡単です。社会の貢献に資すること、これが正の目標にほかなりません。これに対して、負の目標に向かう活動は、一例に挙げた暴力行為のように、自分の利益には貢献するかもしれませんが、世の中には何も貢献しません。

健康で幸福な生活を営む人の目標は正の方向に向いています。これに対して、問題を抱え、精神的に病んでいる人の目標は負の方向に向かいます。

アドラー心理学では、こうした問題を抱えている人に対して、自分が持つ誤った目標に気づいてもらい、適切な目標について一緒に考え、新たな目標に向かって一歩を踏み出すよう勇気づけます。

以上が、アドラー心理学の根底にある考え方です。

●アドラーの主要著作

次にアドラーの著作について見てみましょう。

アドラーの詳細な伝記であるエドワード・ホフマン著『アドラーの生涯』によると、アドラーの著作は全19冊になっています。ただし、すべてが日本語に翻訳されているわけではありません。

現在、日本で容易に入手できるのは10作品です（次に述べるように、『人間知の心理学』が別タイトルの分冊になっているため、厳密には11作品）。いずれもアルテより「アドラー・セレクション」として出版されているものです。

本書では、このアルテ版「アドラー・セレクション」に基づいて、「アドラーを読み解く」ことになります。以下、「アドラー・セレクション」の全11作品について、その概略を紹介しておきます。

なお、括弧内の年次は、原典出版年と「アドラー・セレクション」での出版年となっています。

『人間知の心理学』（１９２７年／２００８年、２００９年）

本書はウィーンのフォルクスハイム（国民集会所）で行われた講演の速記をもとにして成立しました。聴衆は心理学や教育の専門家ではなくごく一般の人々でした。そのため本書は、心理学に馴染みのない人も含め、できるだけ多くの人に対して、個人心理学の基礎について解説する本になっています。

この本はアドラーの高弟だったウォルター・ベラン・ウルフによって、ドイツ語から英語に翻訳され、アメリカでも同じく１９２７年に出版されています。これがアメリカで大人気を博し、10万部以上の売上を記録しました。
「アドラー・セレクション」では、『人間知の心理学』（２００８年）と『性格の心理学』（２００９年）の２冊に分冊されています。これは原典が「第一部　総論」と「第二部　性格論」に分かれているためのようです。

『個人心理学の技術Ⅰ』（１９２８年／２０１１年）

本書は国際個人心理学協会のウィーン支部で行われた連続講義がもとになっています。この講義では、アドラーが偶然手に入れた、強迫神経症を持つ18歳の女性の伝記を読み上げながら、その記述より彼女の人生の目標やライフスタイルを即興で解釈していきます。アドラーがこの講義で用いた方法は、「診察室で患者と共にしているのと同じ方法」（『個人心理学の技術Ⅰ』Ｐ13）です。そのためカウンセリングにあたりアドラーがいかなる手法を用いていたのかが、本書を通じて理解できる内容になっています。

『個人心理学講義』（１９２８年／２０１２年）

アドラーが初めてアメリカに渡航し、連続講義を行ったのは、１９２６年のことでした。当時のアドラーは、アメリカでは無名でした。しかし、アドラーのムッソリーニ批判が新聞に掲載されると、その名はアメリカでも知られるようになります。さらに１９２７年には、『人間知の心理学』がアメリカで大人気となり、本書『個人心理学講義』はその翌年に出版されました。

本書が成立した背景はよくわかっていません。ただし、本書の章立てが「個人心理学の原理」「劣等コンプレックスと優越コンプレックス」「ライフスタイル」「早期回想」など13章からなり、これらがニューヨークのニュースクール（新社会研究学校）での講義と重複することから、この講義ノートが下敷きになったのではないかと考えられています（エドワード・ホフマン『アドラーの生涯』P３０６）。その内容は個人心理学の全体を網羅したものであり、入門書としても利用できます。

『教育困難な子どもたち』（１９２９年／２００８年）

１９２４年、アドラーはウィーン市教育研究所の治療教育部門の教授に就任しました。ここでアドラーは「学校における教育困難な子どもたち」をテーマに、教師向けの連続講義を行いました。エドワード・ホフマンの著作『アドラーの生涯』によると、アドラーの講義には最初の３年間で６００人以上のウィーンの教師が参加し、休講は一度もなかったといいます。

本書『教育困難な子どもたち』は、この教育研究所での講義をもとにしたものです。専門用語を使わないアドラーの講義は、「ステレオタイプで重苦しいドイツの教授とはまったく対極に位置するスタイル」（『アドラーの生涯』Ｐ１７７）だったといわれ、本書からその熱気が伝わってきます。

『人はなぜ神経症になるのか』（1929年／2014年）

本書もやはりアドラーの講義ノートおよび速記による講義録をもとにした著作です。著作の中心テーマは神経症で、人はなぜ神経症になるのか、神経症になる人のライフスタイルはどのようなものなのかを、豊富な症例を通じて解き明かそうとします。ただし、アドラーの他の著作と同様、内容は特に体系化されておらず、章ごとにその都度の話題が繰り広げられています。

本書でアドラーは、神経症の決定的な要因に、有用でない優越性の目標を置いています。有用でないとは、目標を達成しても共同体にとっては有用ではなく、私的に限って優越感に浸れるものを指します。アドラーは豊富な症例を挙げて、その中に有用でない優越性の目標を見出しています。

『個人心理学の技術Ⅱ』（1930年／2012年）

アドラーはウィーンに開設した児童相談所で、教師を対象にした症例解釈の公開講義を実施していました。症例自体は、講義に参加する教師から提出されたもので、アドラーに対しては事前に情報が提供されていませんでした。アドラーはその場で提出された症状を読み上げて、「通常私の診療の中で行っているのと同じ道」（『個人心理学の技術Ⅱ』P24）をたどりながら、症例に対する独自の解釈を行います。この解釈を通じて、教師たちは実際にアドラーがどのような方法で、患者と接しているのかを学べるようになっています。

本書は、この講義の速記録をもとにしたもので、22の症例が掲載されています。講義によっては、後半に症例として挙がった子とその親に対して、直接アドラーがカウンセリングすることもあります。アドラーはこれを公開カウンセリングと呼びました。『個人心理学の技術Ⅰ』と同様、アドラーが採用した心理療法を理解する上で必読の書となっています。

『子どもの教育』（1930年／2013年）

子どもの教育について正面から取り上げた著作です。親や教育者を対象にしており、子どもについて知るには、その子どものライフスタイルを理解し、評価することが欠かせないと説きます。その上で子どもが、共同体感覚や正しい目標を持っているかどうかを明らかにするよう説きます。そして、目標が誤っている場合、それに気づかせ、新しい適切な目標に向かうよう、子どもを勇気づける方法を、事例を通じて紹介しています。

付録として、問題行動のある子どもの理解と治療を目的とした「個人心理学質問表」を収録しています。こちらは同じものが『教育困難な子どもたち』にも収録されています。

『子どものライフスタイル』（1930年／2013年）

アドラーがニューヨークのニュースクールで行った、公開カウンセリングの講義録をもとにした作品です。1919年に設立されたニュースクールは、成人教育を目的とした学校で、アメリカに移住してきたヨーロッパの思想家が講師に携わるなど、ニューヨークの知的拠点になっていました。また、すでに述べたように、公開カウンセリングは、講義の参加者からのレポートをアドラーがその場で読み上げて、症例を解釈していくスタイルをとっています。その後、取り上げた症例の子どもとその親がカウンセリングを受けます。

本書では、12の症例が掲載されていて、それぞれ①症例報告、②カウンセリング、場合によっては③生徒との議論という構成になっています。

『人生の意味の心理学』（1931年／2010年）

本書はアドラーが1931年に、国際個人心理学会のロンドン支部において、「人生の意味」をテーマに講演した内容を基礎にしています。この講演の内容はイギリスの医学雑誌「ランセット」に掲載され、さらに本書『人生の意味の心理学』の核になりました。

タイトルにもなっている「人生の意味」の章から始まる本書は、劣等感や優越感、家族、学校、思春期、職業、愛と結婚と、個人心理学に関連するテーマが網羅されており、アドラーの著作の中でも総合的で読みやすいものになっています。「アドラー・セレクション」版では上下巻の2冊に分冊されています。

『生きる意味を求めて』（1933年／2007年）

本書『生きる意味を求めて』の原書はドイツ語で、英語版はアドラーが急逝した翌年の1938年に『共同体感覚』として出版されました。扱うテーマはライフスタイルや人生の課題、劣等コンプレックス、優越コンプレックス、神経症、早期回想などと、『人生の意味の心理学』同様、個人心理学のテーマを網羅する内容になっています。

●まだある必読の書

以上がアルテ版「アドラー・セレクション」全11作品（冊数では全12冊）の概要です。

ところで、アドラーが世に出した最初の本格的著作は、1907年に出版した『器官劣等性の研究』でした。その後、『神経質について』（1912年）、『治療と教育』（1914年）、『個人心理学の実践と理論』（1922年）を出版していますが、これらはいずれも日本語に翻訳されていません。

アドラーが著作を集中的に世に送り出すのは、1927年になってからのことで、その筆頭となったのが、先にふれた著作のトップにある『人間知の心理学』です。その後アドラーの著作は、かつて書評で評されたように「爆竹が爆発するような速さ」（『アドラーの生涯』P326）で出版されていきます。したがって、日本語版になっている著作は、アドラーが集中的に作品を出版していた時期のものが中心になっていることがわかります。

アドラーが大量に作品を出版できた背景にはその執筆スタイルがあります。アドラーは、講義ノートや講演の速記録を、編集者や助手の学者、専門のライターなどに渡してこれを本にしました。しかし、そのまま活字にするには、内容が錯綜しているため、編集者らが一から書き直し、これをアドラーがチェックするというスタイルをとりました。アドラーの著作が読みづらく、ときに重複し、体系的からはほど遠いのは、こうした執筆スタイルも影響しているようです。

余談ながら、人には書く人と話す人という2種類のスタイルがあるといいます。書く人とは話すよりも書くのが得意な人、逆に話す人とは書くよりも話すのが得意な人を指します。アドラーは明らかに話す人のタイプに属していたようです。

また、アドラーの作品は、個人心理学をテーマとしていることで共通しますが、各作品が個人心理学の各論を扱っているわけではありません。そのため、作品間の違いが極めて薄い点も、アドラーの著作の大きな特徴になっています。例えば、『人間知の心理学』と『人生の意味の心理学』はそれぞれ独立した本ですが、タイトルを入れ替えて世に出したとしても違和感はそれほどありません。残念ながら他の著作でも同様のことが言えます。したがって、アドラーの作品を体系的に説明するのは、ちょっと難しいと言わざるを得ません。

ところで、右に紹介したアドラーの著作以外にも、アドラーの著作について理解するための必読書があります。次の2冊です。

『アドラーの思い出』（１９７７年）

本書は生前のアドラーをよく知る人々が、アドラーに関する思い出を綴ったものです。『現代アドラー心理学』の著作があるガイ・マナスターが中心となって編集し、66名の人が寄稿しています。日本語版は２００７年に柿内邦博らの訳で創元社より出版されました。

この著作が重要なのは、多様な寄稿者の思い出から、アドラーの人柄を偲べることです。これに加えて、アドラーによる「劣等感ものがたり」という未発表の作品が含まれている点です。短い文章ですが、家屋の建築を通じて目標の重要性を述べています。「劣等感ものがたり」からの引用は、本書の第3章で紹介することになるでしょう。

『アドラーの生涯』（１９９４年）

心理学者で「人間性心理学ジャーナル」の編集委員も務めたエドワード・ホフマンが、アドラーの生涯を詳細に記した評伝です。日本語版は２００５年に岸見一郎の訳で金子書房より出版されました。

もちろんこの作品はアドラーによるものではありません。しかし、本文中にはアドラーの言葉が多数ちりばめられており、アドラーを知る上で欠かせない著作になっています。またホフマンによる微に入り細を穿つ評伝は、アドラーの生涯を知る上で必読の内容になっています。

ちなみに著者のホフマンは、人間性心理学の創始者であるアブラハム・マズローの評伝『真実の人間――アブラハム・マズローの生涯』も執筆しています。こちらもマズローの生涯を詳細に記したもので、アドラーの評伝と合わせて、執筆者としてのホフマンが極めて高い力量を有していることがわかります。

以下、本書『アドラーを読み解く』では、ここで掲げた著作を通じて、アドラーが築いた心理学のエッセンスを解説していきたいと思います。

なお、文献の引用部分には、タイトルとページ数を明記しました。文献の詳細情報については巻末の文献リストを参照してください。

第2章　劣等感

すべての人は劣等感を持っている。しかし、劣等感は病気ではない。むしろ、健康で正常な努力と成長への刺激である。

『個人心理学講義』P45

●アドラーの強烈な幼児期体験

そもそも私たちの劣等感は、私たち自身が持つ劣等性から生まれるものです。私たちの身体的特徴や能力は千差万別です。そのため自他を比較すると、誰にでも劣っている能力や性質が必ず存在します。これをその人の劣等性と呼びます。

自分の持つ劣等性に対して人は多様な判断を下せます。中でも自分が持つ劣等性に負い目や恥を感じると、否定的な感情が生じます。このネガティブな感情が劣等感です。

一般に劣等感は負のイメージでとらえられるものです。しかし、アドラー心理学では、劣等感を必ずしも悪玉とはとらえていません。むしろ人間を成長させる善玉ととらえています。これがどういうことなのか説明するには、アドラーの経験が格好の材料を提供してくれます。

アドラー心理学では早期回想を重要視します。これは人が持っている幼少期の最も古い記憶です。アドラー心理学では、その人の人生の目標やライフスタイルを知る上で、早期回想が重要な手がかりになると考えています（詳しくは第4章で述べます）。

アドラー自身も自分の早期回想について語っています。アドラーは幼少の頃、身体が弱く、くる病にかかっていたため床にふせっていなければなりませんでした。くる病はビタミンDの欠乏により発生する骨軟化症の一種です。当時の子どもには非常によく見られる病気だったといいます。

この病弱なアドラーに対して、2歳年上の兄ジグムントは、健康かつ聡明で、またユダヤ人の家庭がそうであるように、長男として特別なポジションにありました。アドラーは2～3歳頃の早期回想の一つとして、当時について次のように語っています。

私の早期回想の一つはくる病のために包帯を当てられて、健康な兄と対面してベンチにすわっているというものである。兄は走り、飛び跳ね、何の造作もなく動き回ることができた。ところが私はどんな動きにも大変な努力がいった……皆は私を助けるのに骨を折った。

『アドラーの生涯』P12

この早期回想からアドラーが、健康な兄と比較して病弱な自分に劣等感を持ったことが容易に推測できるでしょう。また、アドラーの病弱に対する劣等感は、やがて死のイメージと結びつくことになります。

アドラーが4歳のときです。弟のルドルフがジフテリアにかかって死にます。アドラーは葬儀の日に喪に服す家族や親戚の姿を回想しています。中でも印象に残ったのが、黒ずくめの喪服を身につけた母パウリーネが泣き続ける様子です。その母に祖父が慰めの言葉を二言三言かけると、母親の顔に笑みが浮かびました。アドラーは、葬儀の時にどうして微笑むことができるのかと、母親に対して強い憤りを感じたといいます。

さらに5歳頃のことです。今度はアドラー自身が肺炎にかかって危篤状態に陥ります。医者は家族に絶望だと宣言しました。しかし幸いにもアドラーは一命をとりとめます。それはまさに奇蹟の回復でした。

アドラーにとってこれらの三つの経験は決定的な働きをしました。病弱に対する劣等感、それに死に対する無力感（これも劣等感の一種です）、アドラーはこれらを克服するために医者になることを決意します。そして、この決意は現実のものとなり、やがてウィーン大学を卒業したアドラーは、最初は眼科医として、続いて一般医として世の中に貢献することになります。アドラーが医師になると決意してちょうど20年後のことでした。

●劣等感の有用性に目覚める

ここに取り上げたアドラーの経験は、アドラーが病や死に対する劣等感をバネにして、医師という病や死を克服する職業に就いたことを示しています。言い換えるならば、劣等感があったからこそ、アドラーには医師への道が開いたことになります。しかし、医師になったアドラーが劣等感の重要性に気づくには、もう少し時間が必要でした。

１８９８年、アドラーはウィーンのツェーリンガッセ７丁目レオポルドシュタット地区に自分の病院を開業します。この病院の近くに、大観覧車で有名なプラター遊園地がありました。病院には遊園地で働く曲芸師や道化師が来院し、アドラーは彼らの相談に気軽にのっていました。

ここでアドラーはある重要な発見をします。彼らの多くが身体的な劣等感を抱えており、それらを克服するために厳しい訓練をし、現在の頑強な身体を手に入れたという事実です。職業こそ違いますが、彼らの経験は、病や死から派生した劣等感を克服するため、医師になるべく訓練してきたアドラー自身の経験と軌を一にします。こうしてアドラーは、劣等感の有用性に目覚めるわけです。

のちにアドラーはこう述べています。

個人心理学のもっとも重要な発見は、劣等感が、人生の有用な面へと向かう刺激になりうるということである。

『人はなぜ神経症になるのか』Ｐ８

さらにアドラーは、劣等感が一人の人間の成長に資するだけではなく、人間の進化の原動力にもなると考えるようになります。例えば、文化的な補助手段が何もない状態で、原始林に暮らす人間を想像してみてください。その人の周囲には、巨大な身体、強靱な筋力、素早い脚力、鋭い牙や爪、鋭敏な聴覚、鋭い視力、こうした人間が持たない優れた能力を有する動物が多数います。人間はこれらの動物に劣等感を覚えました。

しかし、動物に劣等感を抱いたまま何もしないのであれば、人間は生存競争に敗れてしまいます。そこでこの劣等感を克服するために、人間は共同体を形成するようになりました。どう猛な動物から身を守るには、１人より集団でいるほうが利点は大きいです。集団でかかればどう猛な動物を仕留めて食料にすることもできるでしょう。

また、他の人と共同体を形成するには、意思を通じ合わせる必要があります。さらに、共同体を維持していくのにも意思疎通が必要です。これを実現するために人は言葉を発明しました。そもそも人間がただ一人で生きていける動物ならば言葉など不必要です。共同して生きていかなければならないから言葉が発明されたわけであり、これもやはり劣等感の賜物です。

共同体や言葉だけではありません。考えてみると、人の暮らしに有用な道具や装置は、あまねく劣等感に基づいています。たとえば、動物に比較して速く走れない人間は、それを補償するために自転車やバイク、汽車、自動車を発明しました。また、鳥のように空を飛べず、魚のように海を泳げない人間は、気球や飛行機、木船や蒸気船を開発しました。さらに、自然や宇宙に対する無力感から人間は、宗教や哲学を生み出して、心の平安を得ようとしました。このような見方をすると、劣等感には人間にとって有用なものを作り出す、途方もないパワーが秘められていることがわかります。アドラーの言葉を引きましょう。

われわれは、劣等感はそれ自体では異常ではない、といった。それは人類のあらゆる進歩の原因である。例えば、科学の進歩は、人が無知であることと、将来のために備えることが必要であることを意識している時にだけ可能である。それは人間の運命を改善し、宇宙についてもっと多くのことを知り、宇宙をよりよく制御しようとする努力の結果である。実際、私には、人間の文化のすべては劣等感に基づいていると思える。

『人生の意味の心理学（上）』P71

しかし、悪玉と考えられがちな劣等感に対して、「人間の文化のすべては劣等感に基づいていると思える」とアドラーは言うわけです。これは一般的な劣等感のとらえ方に対するコペルニクス的転回と言えそうです。

●劣等感が悪玉になるとき

とはいえ善玉のはずの劣等感が悪玉になることもあります。これは私たちが劣等感とどう向き合うかによって決まります。この点についてふれるには、刺激と反応の間にある、私たちの自由意思について先に説明する必要があります。

私たちは外部からの働きかけに対して反応します。何かの現象を経験して、そこから何らかの感情が生まれるのも、刺激に対する反応です。

この「刺激→反応」は決して機械的に行われるものではありません。経験（刺激）と感情の生起（反応）の間には、もう一つ重要な働きがあります。人間の自由意思による、経験に対する理解あるいは解釈です。

あなたは昨日の朝、蜘蛛を見ました。「朝蜘蛛は縁起が良い」という言い伝えがあります。そのためあなたはちょっと嬉しい気分になりました。このように「朝蜘蛛を見る」という経験（刺激）と、「嬉しい気分になる」という感情（反応）の間には、朝蜘蛛に対する解釈が働いていることがわかります。

一方であなたは、昨日の夜に再び蜘蛛を見ました。どうも朝見たのと同じ蜘蛛のようです。「夜蜘蛛は縁起が悪い」という言い伝えがありますから。ですからあなたはちょっと嫌な気分になりました。

ここでも「夜蜘蛛を見る」という経験と、「嫌な気分になる」という感情の間には、夜蜘蛛に対する解釈が働いています。しかも、同じ蜘蛛ながら、解釈が異なるため、朝とは正反対の「嫌な気分」という感情が生じています。このように、同じ刺激でも、解釈によって反応が異なることがわかります。

別の例を考えてみましょう。悪いことが2度続きました。これをあなたが「2度あることは3度ある」のように、さらに悪いことが続くと判断すれば、気分は落ち込むに違いありません。これに対してあなたが「今度こそ3度目の正直」のように、次は良いことがあると判断すれば、前向きな気分になるでしょう。このように2度続いた悪いことをいかにとらえるかは、その人の自由意思にかかっています。そしてその解釈により、ネガティブな気分にも、ポジティブな気分にもなれます。

劣等感についても同様のことが言えます。劣等感に対して私たちがどのように接するかは、その人の自由意思にかかっています。劣等感をポジティブにとらえ、自分が得意とする分野で成功して、劣等感を克服することができます。あるいは、劣等感をネガティブにとらえ、とうてい劣等感を克服することはできないとふさぎ込むこともできます。これら対極に位置する両態度について、アドラーは次のように述べています。

すべての人は劣等感を持っている。しかし、劣等感は病気ではない。むしろ、健康で正常な努力と成長への刺激である。無能感が個人を圧倒し、有益な活動へ刺激するどころか、人を落ち込ませ、成長できないようにするときに初めて、劣等感は病的な状態となるのである。

『個人心理学講義』Ｐ45

もちろん問題となるのは、劣等感に対する無能感が個人を圧倒し、劣等感が病的な状態になる後者の場合です。アドラーはこのような状態を劣等コンプレックスと呼びました。

●劣等コンプレックスと優越コンプレックス

劣等コンプレックスとは、劣等感が異常に高められた状態を指します。いわば度を過ぎた劣等感です。劣等感が度を過ぎてしまうと、人の努力は問題を解決する方向には向けられず、人生の有用でない面に向けられます。安易な補償と見かけだけの満足を追求するようになります。例えば、劣等感を隠すための引きこもりは、安易な補償の典型でしょう。この点についてアドラーは次のように述べています。

このようにして、神経症者は、狭い部屋を作り、ドアを閉め、人生を風や日光、新鮮な空気から守られて過ごすのである。いばりちらして支配するか、あるいは、泣き言をいって支配するかは、受けた教育次第である。自分の目的のためにもっとも有効だと思った方法を選ぶだろう。時には、一つの方法に満足しなければ、別の方法を試みるだろう。どちらの場合も目標は同じである。即ち、状況を改善するために何もしないで優越感を得ることである。

『人生の意味の心理学（上）』P68～69

アドラーの言葉の末尾にある「優越感」に注目してください。劣等コンプレックスは、安易な方法で優越感を得る活動と容易に結びつきます。本来劣等感を克服するには多大な努力が必要です。しかし、度を過ぎた劣等感を持つ人は、この努力を一切せずに、大変イージーな方法を用いて優越感を得ようとします。このような傾向が強まった状態を優越コンプレックスと呼びます。

優越コンプレックスは、劣等コンプレックスを持った人が、困難から逃れる方法として使う方法の一つである。そのような人は、自分が実際には優れていないのに、優れているふりをする。そして、この偽りの成功が、耐えることのできない劣等である状態を補償する。

『個人心理学講義』P45

私たちは、自分が実際には優れていないのに、しばしば優れているふりをするものです。自分の弱さを隠すのに、集団を組んでいばりちらすのは優越コンプレックスの表れです。さも重要な人物のように見せるため、借金してでも高級な自動車に乗るのも、やはり優越コンプレックスの表れだと言えるでしょう。

このように、優越コンプレックスは、劣等コンプレックスの補償にほかなりません。だからアドラーはこう言うわけです。

劣等コンプレックスを見出すケースにおいて、優越コンプレックスが、多かれ少なかれ、隠されているのを見出したとしても驚くにはあたらない。他方、優越コンプレックスを調べその連続性を探求すれば、いつも多かれ少なかれ、劣等コンプレックスが隠されているのを見出すことができる。

『個人心理学講義』P40

ところで今、劣等コンプレックスや優越コンプレックスを持つ人の例をいくつか挙げました。箇条書きで再掲すると次のようになります。

・劣等感を隠すため、引きこもる人
・優れていないのに、優れているふりをする人
・弱さを隠すため、集団を組んでいばりちらす人
・重要な人物に見せるため、高級な自動車に乗る人

これらの事例に共通する要因とは何でしょう。そう、いずれの場合も、自己の利益のみを追求しているのがわかると思います。いわば、その目標が社会にとって有用でない面に向いています。しかも興味深いのは、いずれも自己の利益を追求していながら、結果的には本当の自己の利益になっていない点です。これは追求する目標に誤りがあるため、このような結果に陥ってしまっていると言えます。

●劣等感と正面から向き合うために

アドラーが述べているように、私たちはおしなべて劣等感を持っています。劣等感は病気ではあ

りません。人間が成長するための原動力になります。人間が作り出した共同体や言葉、道具、装置の背景には、劣等感があったことを思い出してください。しかしこの劣等感が、劣等コンプレックスや優越コンプレックスを生じさせると、事態はおかしな方向へと向かいます。

先にも見たように、私たちは劣等感に対して、ポジティブに接することも、逆にネガティブに接することもできます。いずれをとるかは、私たちの自由意思にかかっています。そして、劣等感が劣等コンプレックスや優越コンプレックスと結びつくのは、私たちがネガティブな態度で劣等感に接する場合です。

ポジティブな態度とネガティブの態度は、何かに失敗したときや成功したときに、物事をどのようにとらえるか、その説明スタイルから判定できます。この説明スタイルは、三つの基準からなります。

①永続性（永続的・一時的）
②普遍性（普遍的・特殊的）
③個人度（内的・外的）

例えば、何か悪いことが起こったとします。ネガティブな態度の人は次のように考えます。

①永続的（いつもそう）
②普遍的（なんでもそう）
③内的（自分自身の能力による結果）

逆に何かいいことが起こると次のように考えます。

①一時的（今回限り）
②特殊的（この件に限り）
③外的（自分以外が引き起こした結果）

これに対してポジティブな態度の人は、何か悪いことが起こると次のように考えます。

①一時的（今回限り）
②特殊的（この件に限り）
③外的（自分以外が引き起こした結果）

逆に何かいいことが起こると次のようにとらえます。

①永続的（いつもそう）
②普遍的（なんでもそう）
③内的（自分自身の能力による結果）

このように、ネガティブな態度とポジティブな態度では、説明スタイルがまったく逆になっていることがわかります。

●ネガからポジへ切り替える

具体例を示しましょう。ここに、ネガティブ思考のネガ夫くん、ポジティブ思考のポジ太くんという2人の人物がいます。2人はともに英語力を客観的に示す試験を受けました。2人が目標点を大幅に上回った場合と、大幅に下回った場合の態度について比較してみましょう。

【ネガ夫くんの場合】

「何とも幸運、まぐれで目標点を大幅に上回ったよ（一時的）。たまたま勉強していた個所が出たのが幸いした（特殊的）。問題作成者に感謝だよ、まったく（外的）」

「目標点を大幅に下回ってしまった。相変わらずの結果でがっかりだよ（永続的）。こんな体たらくじゃ恋人もできないはずさ（普遍的）。とにかくオレって、本番に弱いんだよなぁ（内的）」


【ポジ太くんの場合】

「思ったとおり今回も目標点を大幅に上回ったよ（永続的）。やっぱりオレって何をやっても天才だわ（普遍的）。ま、日々の努力のたまものだな（内的）」

「目標点を大幅に下回ってしまった。ま、こういうこともあるよな（一時的）。試験前にあんまり勉強しなかったし（特殊的）。だいたい勉強してないとこばっか出るんだもん（外的）」


いかがでしょう。2人の態度はまったく正反対ですね。何か悪いことが起こり、説明スタイルがネガティブ思考になってしまったら、ポジティブ思考に切り替えることが重要になります。こうしたポジティブな態度を習慣にすることが、劣等コンプレックスや優越コンプレックスに陥らない鍵の一つになるでしょう。

アドラー自身も非常にポジティブで楽観的な性格の持ち主だったと言われています。その性格を表してか、アドラーはイソップ物語の「２匹のカエル」という話をよく語っていたといいます。それは次のような話です。

ミルクがいっぱい入った壺の縁を、二匹のカエルが飛び回っていました。突然、二匹とも壺の中に落ちてしまいました。一匹は「もうおしまいだ」と泣きました。ゲロゲロと鳴いて、溺れ死ぬ覚悟をしました。もう一匹はあきらめませんでした。何度も何度も脚をばたつかせて、とうとう、もう一度足が固い地面に着きました。何が起きたと思いますか？　ミルクがバターに変わっていたのです。

『アドラーの思い出』Ｐ81

楽観的なカエルが脚をばたつかせるうちに、ミルクがバターに変わったとは、何とも印象的な話だと思いませんか。ポジティブな態度の勝利です。

とはいえ、ネガティブではなくポジティブに取り組むこと、悲観的ではなく楽観的に対処すること、これらが重要だとわかっていても、人によっては物事をネガティブに、悲観的にとらえてしまう傾向が強い人がいるはずです（筆者自身もその傾向があります）。そのような人には『ＡＢＣＤＥモデル』を実行して、物事をポジティブにとらえるようにすることをお勧めします。

●ABCDEモデルを活用する

ABCDEモデルでは、私たちが現実を把握する際に用いる非論理的思考や自己矛盾に注目します。その論理的欠陥を、論理的に思考し直して、物事に対する正しい解釈を導き出します。これにより、間違っていた解釈やそこから生まれたネガティブ感情の改善を目指します。

この手法がABCDEモデルと呼ばれるようになったのは、五つのアルファベットが非論理的思考を矯正する手順を示しているからです。次のとおりです。


A（困った状況／Activating Event）……直面する困った状況について考える。

B（思い込み／Belief System）……困った状況下で機械的に抱く思い込みを列挙する。

C（結末／Consequence）……思い込んだ結果、抱く感情を列挙する。

D（反論／Dispute）……思い込みに対する反論を行う。

E（元気づけ／Effect）……反論したあとの元気づけを行う。


例えば、私が試験に落ちたとします。これにより私は、「試験に落ちてばかりだ（いつもそう）。本当に何をやってもダメだ（なんでもそう）。本当にオレはダメな人間だ（自分自身の能力による結果）」と考えました。典型的なネガティブ思考です。

このままいけば気分は落ち込むばかりです。では、ネガティブ感情に支配されかけたらＡＢＣＤＥモデルを実行してみましょう。

まず、「困った状況」です。これは「試験に落ちた」が該当します。次に「思い込み」です。こちらは先に示した「試験に落ちてばかりだ。本当に何をやってもダメだ。本当にオレはダメな人間だ」が該当します。次に「結末」です。私は右のように考えることで深い無力感と、自分に対する強い怒りを感じました。

さて、ここからがＡＢＣＤＥモデルの重要なところです。思い込みに対する「反論」を試みます。私はいつも試験に落ちてきたでしょうか。そんなことはありません。試験に合格したこともありますから、「試験に落ちてばかりだ」は適切ではありません。

次に「本当に何をやってもダメだ」はどうでしょう。いままでうまくいったこともあるはずです。ですから、「何をやってもダメ」は正しくありません。さらに「本当にオレはダメな人間だ」はどうでしょう。たった一つの試験に落ちただけで、ダメ人間の烙印を押すのはあまりに極端です。こちらも不適切だと言わざるを得ません。

いかかでしょう。このようにして、機械的に抱く思い込みについて、いちいち反論していきます。安易な思い込みが誤りだと分かると、その思い込みから派生していたネガティブな感情を一掃できます。これがＡＢＣＤＥモデルの利点です。

劣等感とポジティブに付き合えば、それは必ずや人間成長の糧になります。ネガティブ思考が芽生えたら、ＡＢＣＤＥモデルを実行して、ポジティブな態度に切り替えたいものです。これは劣等コンプレックスや優越コンプレックスに陥らないための強力な手法になるはずです。この点に関して、アドラーの素敵な言葉を引いて、本章の最後としましょう。

未来は、われわれの努力と目標に結びついている。他方、過去はわれわれが克服しようとしている劣等性、あるいは無能力の状態と結びついている。

『個人心理学講義』Ｐ40

過去は作り替えられません。作れるのは未来です。劣等感をバネにして、人生の有用な面で優越性を追求することこそが、私たちのチャレンジすべきことなのです。

第3章　目　標

私たちは目標を置かずには、考えることも、感じることも、行為することもできません。この目標設定は、どんな運動においても避けることのできないものです。

『教育困難な子どもたち』P28

●目標と劣等感

前章ではアドラーが注目した劣等感について解説しました。この劣等感は本章のテーマである「目標」と密接に関連します。個人心理学にとって目標が最重要となる鍵概念の一つであることはすでに第1章でふれました。本章では、まず、この目標について、劣等感との関わりで考えてみたいと思います。

すでに見たように、私たちはおしなべて劣等感を持っています。ただし、その劣等感へのアプローチは人によってまちまちです。大別するとポジティブな態度によるアプローチとネガティブな態度によるアプローチがあります。そして、後者の場合、劣等コンプレックスや優越コンプレックスといった、劣等感の負の側面が強調されやすくなります。

もっとも、ポジティブであれネガティブであれ、いずれの態度を取る場合でも、劣等感の克服、つまり劣等感の補償がその根本的な狙いとしてあります。では、どうやって劣等感を克服するのか。ここに、目標が姿を現します。

たとえば、身長の低さに劣等感を覚えている人がいるとします。この人は劣等感と正面から向き合い、むしろ「身長の低さ＝小柄」を身軽であることだと考えて、いま話題のボルダリングに打ち込み、必死の努力で世界クラスのアスリートに成長しました。この場合、この人の目標は、劣等感を補償するために、ボルダリングで世界クラスのアスリートになること、となるわけです。

つまりこの人は、劣等感という経験（刺激）があり、これを補償するためにすばらしい目標を掲げ、その目標達成に向けて活動（反応）をしているのがわかります。この点についてアドラーは次のように述べています。

個人心理学という科学は、生の神秘的な創造力を理解しようとする努力から発達した。その力は、

目標を追求し、それを達成しようとする欲求に、さらには一つの方向において失敗しても、別の方向で成功することを求めることで補償しようとする欲求に表現されている。この力は、「目的論」的なものである。即ち、それは目標追求の努力のうちに表現され、身体と精神のすべての運動は、このような追求に向かって協力することになる。したがって、身体の運動と精神の状態を全体としての個人に関連させることなく抽象的に考察することは愚かなことである。

『個人心理学講義』P9〜10

ここで思い出したいのは、刺激と反応の間にある、人間の自由意思による判断や解釈です。先の人物の場合、劣等感という刺激に対して、ボルダリングに打ち込むと反応したわけではありません。その間に、劣等感を補償するためにボルダリングに秀でること、という判断すなわち目標があったはずです。この人物がボルダリングに打ち込んだのはこの目標があったからこそです。

このように、人は何かの目的や目標を持って行動を選択していると考える態度を目的論と呼びます。右に掲げた言葉の中で、アドラーが目的論という語を用いている点に注目してください。

一方、この目的論と反対の立場をとるのが決定論です。決定論では刺激が反応を一方的に決めると考えます。パブロフの犬をご存知だと思います。犬にエサをやる際に音を鳴らします。これを繰り返すと、犬は音が鳴るだけでよだれを垂らします。つまり「パブロフの犬」とは、刺激（音）に対して無条件で反応する（よだれを垂らす）という、決定論的態度を示しているわけです。

誰しもパブロフの犬のように生きたいとは思わないでしょう。ところが私たちは知らず知らずのうちに、「パブロフの犬」的考え方をするものです。

たとえば「上手にできないのは素質のせいだ」とか「いまの教育制度のせいで英語が話せないのだ」などと考えたことはありませんか。これらの背景にはいずれも、あなた以外の何かがあって、それが現在のあなたを作っているという考え方が横たわっています。これは決定論的態度と言えるでしょう。

目的論を信奉するアドラーは、こうした決定論的態度を否定しました。アドラーの場合、人が生まれつき持っている素質よりも、それをいかなる目的に従って、どう使うかに注目します。したがって、「上手にできないのは素質のせいだ」と考えるのではなく、「上手にできないのは素質の使い方を間違っているからではないか」などと考えるわけです。

決定論的態度では、物事の原因を外部に求め、責任を転嫁できます。一方で、アドラーが主張する目的論の立場では、原因という犯人探しをしている自分自身が、実は犯人であることがわかります。責任を他者に転嫁できないという点で、目的論的態度は自分自身を冷徹な目で見つめ直すことを求めます。

●適切な目標と不適切な目標

アドラーは人が持つ目標について、ことのほか重視しました。このことは、次に掲げるアドラーの言葉からもよくわかると思います。

もし、この世で何かを作るときに必要な、建材、権限、設備、そして人手があったとしても、目的、すなわち心に目標がないならば、それらに価値はないと思っています。実際に目標があるとしましょう。水道やあらゆる近代的利便性の備わった10部屋の家屋を建てると想像してみてください。そうしたら、その目標に最もふさわしいように、建材や設備や作業員をまとめて、うまく働かせることかできるでしょう。仕事をうまく監督することができるでしょう。なぜなら、あなたは自分がどうしたいかを知っているのですから。

『アドラーの思い出』収録「劣等感ものがたり」Ｐ２２４

私たちは目標を置かずには、考えることも、感じることも、行為することもできません。この目標設定は、どんな運動においても避けることのできないものです。一本の線を引く時、目標を目にしていなければ、最後まで線を引くことはできません。欲求があるだけでは、どんな線も引くことができません。即ち、目標を設定する前は何をすることもできないのであり、先をあらかじめ見通して初めて、道を進んで行くことができるのです。

『教育困難な子どもたち』P28

確かにアドラーが言うように、いくら建材や権限、人手があったとしても、目標がなければそれらを上手に使うことはできません。したがって、家は建ちません。また、家どころか、たった1本の線を引くのにも、目標となる最終点を目指す必要があります。この目標がなければ線すら引けません。

このようなことから、アドラーの言う「私たちは目標を置かずには、考えることも、感じることも、行為することもできません」という言葉には強い説得力があります。

ただし、ここで問題となるのは、人間にとってこれほど重要な目標ながら、この目標には適切な目標と不適切な目標があるという事実です。

ボルダリングで成功した人物と同じく、ここに身長の低さに劣等感を覚えている人がいます。こちらの人は劣等感と正面からは向き合わず、安易な補償、お手軽な方法で優越感を得ようと考えました。この人が選んだのは竹馬です。竹馬をはいていたら身長の低さを隠せるでしょう。この場合、この人の目標は、身長の低さを隠すために竹馬をはくとなります。

このように、身長が低いという劣等感を補償するため、一方はスポーツでの成功を目標にし、他方は竹馬で身長の低さを隠すことを目標にしました。両者の違いはどこにあるのでしょうか。アドラーの次の言葉が参考になります。

目標は全能である。それは人のライフスタイルを決定し、行動のあらゆる点に反映される。もしも目標が仲間であること、人生の有用な面に向けられたものであれば、あらゆる課題の解決にこの目標の刻印を見出すことになるであろう。あらゆる解決が建設的な有用性を反映し、幸福感と建設的で有用な活動に伴う価値と力を与えるだろう。しかし、目標が違う方向に向けられたら、即ち、人生の私的で有用でない面に向けられるのであれば、根本的な諸課題を解決できず、また課題を適切に解決することから帰結する喜びを持つことはないであろう。『子どもの教育』Ｐ20

アドラーが言うように「人生にとって有用であること」を基準にした場合、スポーツでの成功は人生にとって有用です。しかし、竹馬で身長の低さを隠すことは、明らかに人生にとって有用でないことは直感で理解できます。

では、人生の有用な面、有用でない面とは、具体的にどのような状況を指すのでしょうか。この点について理解するには、個人心理学の重要キーワードの一つである私的論理とコモンセンスについて知る必要があります。

●私的論理とコモンセンス

竹馬で身長の低さを隠す人物について考えてみましょう。彼は竹馬をはくことで自分の身長をごまかせます。これによりこの人物はお手軽な方法で優越感、さらには満足感を得ることができるでしょう。

しかしながら、この人が竹馬に乗って背を高く見せたとしても、満足感を得るのはこの人物だけです。周囲の人には何の利益ももたらしません。このように、周囲をよそに自己の利益のみを追求する価値基準を、アドラーは私的論理と呼びました。竹馬の人物は、まさに私的論理に従って行動したと言えます。

次にボルダリングで劣等感の補償を目指した人物について考えてみましょう。彼は小柄な体格を活かして、ボルダリングに打ち込みました。そして世界クラスのアスリートとして、多くの人に感動を与えることに成功しました。

そもそもスポーツでの成功は、私たちの社会では賞賛されるべき活躍だと理解されています。つまりボルダリングに打ち込んだこの人物は、私たちが一般に価値があると考えている分野で、偉業を達成したわけです。このように、他者や共同体、社会、あるいは人類が価値あるものと考えている対象をコモンセンスと呼びます。ボルダリングに打ち込んだ人物は、私的論理ではなく、コモンセンスを念頭に行動したと言えます。

以上から次のことがわかります。目標を人生の有用な面に向けるとは、自分の目標をコモンセンスの実現に向けることを意味します。これに対して、目標を人生の有用でない面に向けるとは、自分の目標を私的論理の実現に向けることを意味します。

アドラーの理論によれば、他の生き物に劣等感を抱いた人間は、その補償として共同体を形作るようになりました。人間の共同生活は太古からのことであり、これは現存も連綿と続いています。人間にとって共同体の中で生きるということは、太古から宿命づけられたものであるわけです。

その一方で、共同体の一員として生活することを宿命づけられている人々が、それぞれ自分勝手に私的論理を追求したとしたらどうなるでしょう。これでは共同体を円滑に運営していくことは困難で、宿命に逆らう態度になります。アドラーの次の言葉を引きましょう。

われわれが反対しなければならないのは、自分自身への関心だけで動く人である。この態度は、個人と集団の進歩にとって、考えられるもっとも大きな障害である。

『人生の意味の心理学（上）』Ｐ１２９

私たちが関心を寄せなければならないのは共同体の利益です。いかにすれば、共同体が価値を認めるコモンセンスを拡大し充実できるかということです。

皆さんがコモンセンスの拡充に成功したとします。そうしたら、共同体の他のメンバーは皆さんを賞賛するに違いありません。しかし、単に言葉で賞賛するだけでは足りない場合があります。そのような時、共同体は皆さんに対して、感謝の気持ちを込めて報酬を支払うでしょう。こうして、共同体の利益だった目標を実現することで、結果的に、皆さん自身の利益の獲得にも成功します。

私的論理に従っているとこうはいきません。私的論理に従った活動は、自己の利益のみを追求します。共同体の利益など眼中にありません。何も貢献しない人物に共同体が報酬を支払うでしょうか。支払うはずがありません。結果、自己の利益を追求すればするほど利益を得られないという逆説に陥ります。

●ハイ・シナジーを目指す

しかし不思議なものです。自己の利益ではなく共同体の利益を目標に活動すれば、結果的に共同体に利益を与えるばかりか自己の利益も得られます。これに対して自己の利益を目標に活動すれば、結果的に共同体の利益にならず、引いては自分の利益にもなりません。

経営学でよく用いるシナジーという言葉があります。「広辞苑」を見るとシナジーの項には「経営戦略で、事業や経営資源を適切に結合することによって生まれる相乗効果のこと」とあります。このようにシナジーは1と1を組み合わせて3を得るような「相乗効果」の意味で用いるのが一般的です。

しかし、シナジーには「利己主義と利他主義を融合せしめる社会的・組織的仕組みのこと」（アブラハム・マズロー『完全なる経営』Ｐ１８０）という別の意味があります。このような意味でシナジーという言葉を最初に用いたのは、著作『菊と刀』で日本人の精神構造を分析した人類学者ルース・ベネディクトでした。

インディアンのフィールド調査を行っていたベネディクトは、文化度の高いインディアン社会では利己主義が社会のためになり、また、利他主義が個人の利益になることを発見します。ベネディクトはこのような社会をハイ・シナジーな社会と呼びました。

これに対して、文化度の低いインディアン社会では、利己主義はあくまでも個人のためであり、特定の個人が富を総取りして、残る人々は困難に耐え忍ばなければなりません。ベネディクトはこのような社会をロー・シナジーな社会と呼びました。

シナジーは私たちが持つ目標と大いに関係があります。というのも、私たちが持つ目標がコモンセンスに従っている時、私たちはハイ・シナジーな状況を実現できるからです。

例えば私が、大勢の人に感動を与えたいという利他的な目標からボルダリングに打ち込んだとします。そして、試合に優勝すれば、初期の目標どおり大勢の人に感動を与えられるでしょう。ただし同時に、優勝者としての賞賛や賞金を得られるでしょうから、これは利己的な目標も達成していることになります。

一方、私が、とにかく勝負に勝ちたいという利己的な目標でボルダリングに打ち込んだとします。そして、試合に優勝すれば、利己的な目標を達成できます。ただし同時に、大勢の人に感動を与えられますから、利他的な目標も達成していることになります。

以上のような状態は、シナジーの定義である「利己主義と利他主義を融合せしめる社会的・組織的仕組み」に準じていることがわかります。

このようにハイ・シナジーな状態を実現できるのは、自分が掲げる目標とコモンセンスが合致しているからです。自分の目標の実現は、自分のためであり、社会のためでもあるからです。私たちの目標がコモンセンスとは相容れない私的論理に準じている場合、このように上手くはいきません。そこに成立するのはロー・シナジーな状態です。

つまりコモンセンスに準じた目標を掲げその実現を目指すということは、ハイ・シナジーの実現を目指すことでもあるわけです。これに対して、掲げた目標が私的論理に従ったものならば、それを書き換えて、コモンセンスに準じたものにしなければなりません。アドラーは言います。

われわれが改善できるのは、具体的な目標である。目標を変えることで、神経症者の習慣と態度も変わるだろう。もはや古い習慣と態度を必要としない。そして、彼（女）の新しい目標に適した新しい習慣と態度がすぐに取って代わるだろう。

『人生の意味の心理学（上）』Ｐ82

●トム・ソーヤーとモチベーション

適切な目標は、高いモチベーション（やる気）を維持する原動力になります。日頃やる気がわかないと悩んでいる人は、不適切な目標や目標の欠如に問題があるのかもしれません。何しろ、「私たちは目標を置かずには、考えることも、行為することも」できないのですから。

アメリカの小説家マーク・トゥエインの作品『トム・ソーヤーの冒険』は、モチベーションの観点から目標について考える上で、とても興味深いエピソードを提供してくれます。次に紹介するのは著名な場面なので、たぶん皆さんもご存知のエピソードだと思います。

ある日トムは、ポリーおばさんの家の塀をペンキで塗るという、遊び盛りの子どもにとっては耐えられないほど退屈な仕事を命じられました。トムは意気消沈して仕事にとりかかります。

しかし、嫌々仕事をしていては気が滅入るばかりです。そこでトムは、嫌々ペンキを塗るのではなく、芸術家のようにペンキを塗ろうと考えます。そうすれば友だちはうらやましがり、あわよくばペンキ塗りを手伝わせられるかもしれません。

トムが鼻歌を歌いながらペンキ塗りをしていると、ちょうどそこへ友だちのベンが通りかかりました。ベンはトムを見るとニヤリとしました。

「やぁ、トム。ペンキ塗りかい。ははぁん、仕事を言いつけられたんだな」

トムはペンキ塗りの手を止めて言いました。

「えっ、仕事って、何のことだ。これはポリーおばさんが大事にしている塀だぞ。それにペンキを塗れるなんて、こんな機会があると思うかい」

再びトムは楽しそうにペンキを塗り始めました。楽しそうなトムの姿を前に、ベンは無性にペンキが塗りたくなってきました。

「トム、僕にもペンキを塗らせてくれよ」

「嫌だよ。これは僕のお楽しみ」

ベンはトムの言葉に余計ペンキを塗りたくなりました。とうとうトムは、リンゴと交換するという条件で、ベンにペンキを塗らせてやります。その後、通りかかった別の友だちも、楽しそうに仕事をするトムに騙され、ペンキ塗りを手伝うのでした——。

このエピソードが興味深いのは、モチベーションを前提にした場合、目標には四つの種類があることに気づかせてくれる点です。

ペンキ塗りを命じられる前、トムは「今日は何をして遊ぼうか」と考えていました。これは明確な目標が欠如している状態です（目標①）。続いてトムはポリーおばさんからペンキ塗りを命じられました。ペンキを塗ることがトムの目標になったのですが、これは人から命じられた目標です（目標②）。

さらにトムは、嫌々仕事をしていても気が滅入るばかりですから、芸術家になった気分でペンキを塗ろうと考えました。ペンキ塗りは命じられた目標です。しかし、芸術家の気分になって塗るというのは、ポリーおばさんから命じられたわけではありません。トムが自律的に設定した目標です（目標③）。

加えてトムは、芸術家のようにペンキを塗ることで、友達をうらやましがらせ、あわよくばペンキ塗りの手伝いをさせられることに気づきます。これはトムが自律的に設定した、ペンキ塗りとはまったく異なる新たな目標です（目標④）。

●命令と自律のマトリックス

トムが順次持った4種類の目標が、どのような性格を持つものなのか、もう少し明確にしてみましょう。そのためには、「命令と自律のマトリックス」を利用するのが好都合です。

このマトリックスでは、縦軸に「自律性」、横軸に「命令」をとり、それぞれ「ある」「なし」の基準を設けます。これにより次の四つの象限を持つマトリックスを作れます（次ページ図参照）。

①自律性あり×命令なし……第Ⅰ象限
②自律性あり×命令あり……第Ⅱ象限
③自律性なし×命令あり……第Ⅲ象限
④自律性なし×命令なし……第Ⅳ象限

このマトリックスにトムが順番に持った四つの目標を当てはめることができます。まず、「今日は何をして遊ぼうか」と考えていた目標欠如の状態である目標①です。マトリックスに照らすと、この目標①は「自律性なし×命令なし」の第Ⅳ象限に該当することがわかります。

次にポリーおばさんからペンキ塗りを命じられた目標②です。これは命令されたものであり、嫌々ながらのトムには自律性がまったくありません。よってこの目標は「自律性なし×命令あり」の第Ⅲ象限に属することがわかります。

続いて、芸術家のようにペンキを塗ろうと考えた目標③です。ペンキ塗り自体は命じられたもの

命令と自律のマトリックス

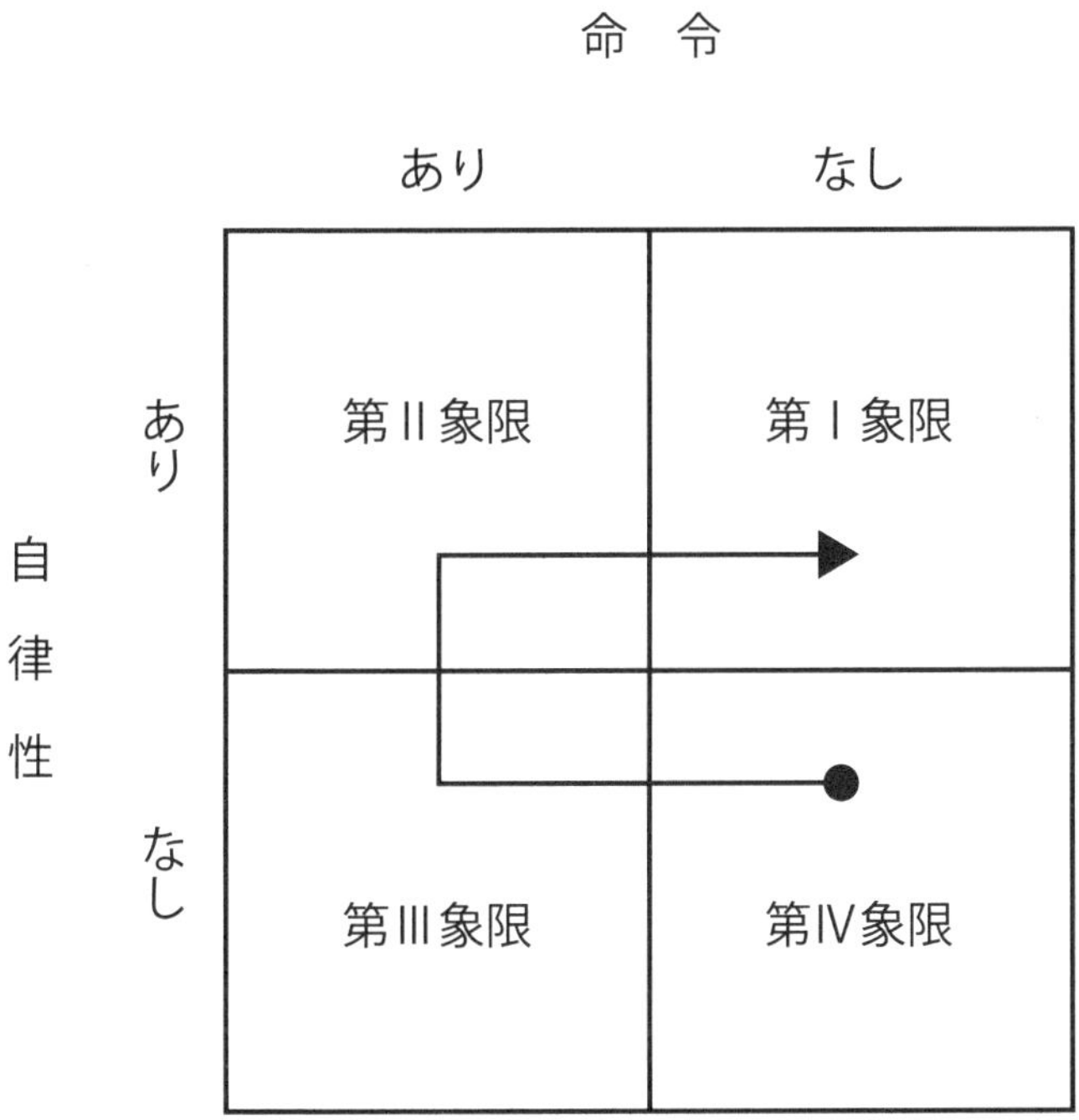

です。しかし芸術家のように塗ることは、トムが自律的に考えたことです。よってこの目標③は「自律性あり×命令あり」の第Ⅱ象限に位置づけられることがわかるでしょう。

最後は、友達をうらましがらせ、あわよくばペンキ塗りを手伝わせようという目標④です。これは当初、トムが命じられた目標とまったく次元が異なるものです。ポリーおばさんに命じられたわけではなく、トムが自発的に考えたことです。よって、この目標④は「自律性あり×命令なし」の第Ⅰ象限に該当することがわかります。

この目標の推移をモチベーション（やる気）の高さで検討してみましょう。やる気がほぼゼロの状態は、トムが「今日は何をして遊ぼうか」と考えていた、目標①の時でしょう。これが目標②になると、嫌々ながらでもやる気を出さなければならなくなりました。この目標①と目標②に共通するのは、自律性がないという点です。

さらに目標③になると命令されたものではあれ、自律的な目標が加わります。これによりやる気は随分高くなりました。さらに、命令されたものではない、自律的な目標を設定した目標④により、トムのやる気は最高潮に達します。

以上から、モチベーションを高めるには、自律的に目標を設定することが重要になることがわかります。このように自律的に目標を設定することを内発的動機づけとも呼びます。対して命令による目標の設定を外発的動機づけといいます。そして、外からの命令でない自律的な目標を設定することで、私たちのモチベーションは大いに高めることができるわけです。モチベーションを高めるには、内発的動機づけが欠かせないということです

どうもやる気が出ないと感じたら、私たち自身が現在持っている目標をまず明らかにすべきです。次にその目標が命令・自律のマトリックスのいずれの象限に属するかを特定します。仮に第Ⅲ象限や第Ⅳ象限に位置づけられるとしたら、第Ⅱ象限や第Ⅰ象限に位置づけられる新たな目標を設定するようにします。

そう、トム・ソーヤーがやったようにです。

●アドラーとドラッカーの共通点

本章の終わりとして、ちょっと意外な話にふれておきたいと思います。アドラーと経営学者ピーター・ドラッカーとの共通点です。実は本章で扱った目標も含め、アドラーとドラッカーには意外な共通点がいくつかあります。

まず生まれです。第1章でふれたようにアドラーは1870（明治3）年にオーストリアの首都ウィーン近くのルドルフスハイムに生まれました。そして医者から精神科医となり、1935年にアメリカに移住します。アメリカへの移住申請は1933年に行われています。

一方、「マネジメントを発明した男」とも呼ばれるドラッカーは1909年の生まれです。アドラーとの歳の差は39歳で親子以上に年が離れています。ただしドラッカーの生まれは、アドラーと同じくオーストリアで場所はウィーンでした。

またドラッカーはドイツやイギリスで証券アナリストや新聞記者などの職に就いたあと（新聞記者時代にはヒトラーにもインタビューしている）、アドラーに遅れること2年の1937年にアメリカに移住しアメリカ国籍を取得します。ちなみに翌38年にはナチスドイツがオーストリアを併合しています。

このようにアドラーとドラッカーはともにオーストリア生まれ、またともにアメリカに帰化したという共通点を持ちます。加えて学問分野は異なるものの、アメリカを代表する学者になったのも2人の共通点と言えるでしょう。

もっとも生まれた国やアメリカへの帰化だけが2人の共通点だとしたら、あえてここに掲載する価値は決して高いとは言えません。

実はアドラーとドラッカーは思想的にも共通点があります。

第1章や本章で見てきたように、アドラーは人が持つ目標に着目し、人は目標に向かって生きるという、このシンプルな考えをベースにして人間の行動や心理を理解しようとしました。この態度を一言で表現するならば「その人の目標を知らなければ、その人の行為や行動を理解することはできない」（ルドルフ・ドライカース『アドラー心理学の基礎』Ｐ31）とでもなるでしょう。これはアドラー心理学の基本的な態度と言えます。

一方、ドラッカーのマネジメント論でも目標は極めて重要な位置を占めます。ドラッカーのマネジメント論では、組織を社会の器官（オーガン）と定義します。すなわち組織とは、ある特定の社会目的を実現することで社会や地域、個人のニーズを満たすために存在する、とドラッカーは考えました。

ドラッカーが言う、組織が持つ社会目的とは、使命（ミッション）、さらには組織の目標と言い換えてもいいでしょう。そして組織が成果を上げるためには、組織が持つ使命（組織の目標）を理解することが最重要になります。なぜなら、その目標の理解なしに、社会や地域、個人のニーズを満たすのは不可能だからです。

またドラッカーは、組織のみならず組織に所属するメンバーについても目標の重要性を説きました。経営書の古典『現代の経営』の中でドラッカーは、「目標と管理の自己マネジメント」いわゆる「目標管理」という考え方を提唱しています。

目標管理では組織に属する人が、組織の目的を理解し、組織がその目的を達成するために、自分自身が何に対して、どれくらいの貢献をするのかを明らかにします。これがそれぞれの人にとっての目標になります。

そしてこの目標をどの程度達成したのかを定期的に検証して、それを次の行動にフィードバックします。これがドラッカーの説く目標管理です。人が成果を上げるには、目標管理が欠かせないと、ドラッカーは常々言っていたものです。

ここで注意したいのは、ドラッカーがマネジメントまたは仕事という領域に限定して目標の重要性をとらえている点です。

組織に成果を上げさせるには、そこで働く人が組織の目標を知らなければなりません。また、自分の成果を上げるには組織の目標を理解した上で、自分がどの分野でどの程度貢献するのかその目標を理解しなければなりません。

このように考えると、仕事で成果を上げるには、目標を理解することが欠かせないということになります。言い換えると、「目標を知らなければ、組織やその人の高い成果は期待できない」ということになるわけです。

一方、ドラッカーが領域をマネジメンに限定したのに対して、アドラーはその領域を人間の生活全般に広げています。その上で「その人の目標を知らなければ、その人の行為や行動を理解することはできない」と言うわけです。

では、このアドラーの考えをマネジメントや仕事の領域のみに適用するとどうなるでしょう。そう、ドラッカーの考えと見事重複することがわかると思います。つまり対象とした範囲は異なりますが、アドラーとドラッカーは目標へのアプローチについてほぼ同じスタンスをとっていたと考えていいと思います。

またアドラーは、人はおしなべて共同体に所属し、よって共同体への貢献が社会的に有用な人になるための鍵だ、と考えました。加えてアドラーは、人は共同体に貢献することで深い幸福感を抱くものだとも考えました。

ドラッカーもアドラーと同様、貢献を極めて重要なキーワードととらえていました。というのも、組織による社会への貢献なくして組織は利益を手にすることができないからです。また、人による組織への貢献なくして人は報酬を手にすることができないからです。

このように個が全体に貢献する態度を重視する点でも、アドラーとドラッカーの見解は見事に軌を一にします。

いかがでしょう。ちょっと意外だったかもしれませんが、アドラーとドラッカーの共通点、理解してもらえたと思います。

第4章　ライフスタイル

目標は全能である。それは人のライフスタイルを決定し、行動のあらゆる点に反映される。

『子どもの教育』P20

●ライフスタイルとは何か

前章では劣等感と目標の間に密接な関係があることを見ました。さらに本章で取り上げるライフスタイルは、やはり個人心理学の鍵となる概念の一つであり、目標との密接な関係、引いては劣等感との関わりをも持ちます。以下、アドラーがライフスタイルをどのようにとらえ、個人心理学にどのように位置づけたのか、本章ではこの点を中心に見ていきたいと思います。

ライフスタイルとは、その人が持つ人生に対する根本的態度です。人生における根本的な目標や、目標にアプローチする態度まで含めた考え方です。アドラーによると、人が持つライフスタイルは、幼児期の４、５歳までに形成され、その人の生き方に多大な影響を及ぼします。

人生の最初の四年か五年に、子どもは、生まれつきの能力を最初の印象に適応させることで、自分自身のライフスタイルの原型を築きあげる。（中略）これが後になってより定式化されたライフスタイルへと発達し、人生の三つの課題に対する答えを条件づけることになる。

『人はなぜ神経症になるのか』P39〜40

もっとも、近年のアドラー心理学では10歳頃までにライフスタイルが形成されると考えられるようになっています。加えて現代のアドラー心理学では、①自己概念、②世界像、③自己理想という三つの考え方でライフスタイルを定義するのが一般的になっています（岸見一郎『アドラー人生を生き抜く心理学』P52）。

自己概念は自分がどのような人間であるのか自分なりの理解です。自分に対する理解は、自分が持つ劣等感が大きく影響することになるでしょう。

次に世界像は、自分自身を取り巻く環境に対する自分なりの理解です。冷たい社会で片身狭く生きているのか、それとも人とのふれあいが豊かな温かい社会で生きているのか、とらえ方は人によって千差万別です。

最後の自己理想は、自分自身がどうあるべきかという自分なりの理解です。これは理想とする自分を目指すことであり、目標と密接な関わりを持ちます。

すでに私たちは、目標に適切なものと不適切なものがあることを見てきました。同様のことはライフスタイルにも言えます。客観的に見て十分美しいのに、自分自身を醜いと理解する自己概念は、どこかに間違いがあるでしょう。また、自分の周囲には敵しかいないと理解する世界像もどこか不自然です。さらに、不適切な目標に導かれた自己理想は、やはり適切なものとは言えません。

このように不適切なライフスタイルを持つ人は、社会と良好な関係を結ぶことが難しくなります。これが深刻になると神経症を発症しても不思議ではありません。アドラーはこう言います。


私たちは、(ライフスタイルの) 誤りについて子どもに完全な理解を得させ、誤りを排除するのです。子どもがこれらの連関を理解すれば、人生において決心をするようになり、もはや以前と同じ子どもではなくなります。自らをコントロールし誤りを一歩一歩ゆっくり解体し始めます。これが「汝自身を知れ」の成果です。

『教育困難な子どもたち』Ｐ１１６

アドラーが言うように、自分のライフスタイルについて知ることは「汝自身を知れ」ということとです。そしてそのライフスタイルが不適切ならば、一旦、それを解体して、新たなライフスタイルを構築し、社会と新たな関係を結ぶことが不可欠になります。

●ライフスタイルを見極める

その人のライフスタイルを知る上で、最も重要な判断材料になるのが早期回想です。早期回想とは、その人が持つ最も古い記憶です。アドラーは、早期回想が二つの点で重要だと述べました。

すべての記憶の中でもっとも早い記憶は、次の二つの理由で重要である。まず、それは人が自分自身と状況について行う根本的な評価を要約している。状況について人が行う最初の要約である。そして、自分自身と自分になされる要求の多かれ少なかれ最初の完全な象徴である。第二に、それは、その人の主観的な出発点である。自分で書いてきた自叙伝の最初である。その結果、しばしば、その中に、人が自分の弱さ、あるいは、無能力と見なしている立場と、理想と見なしている力と安全についての目標の間の対照が見られる。

『人生の意味の心理学（上）』P28

少々わかりにくい文章なのですが、アドラーは早期回想の重要性として、まず、「人が自分自身と状況について行う根本的な評価を要約している」と述べています。これはライフスタイルを形作る「①自己概念と②世界像」を要約するという意味だと考えていいでしょう。加えて、早期回想は「人の主観的な出発点」であり、それ故に、その人が劣等感を克服するために設定した「③自己理想（目標）」が見出せることになります。

つまり、アドラーに従うと、早期回想を知ることで、ライフスタイルを形作る、①自己概念、②世界像、③自己理想の概略が見えてくるわけです。また、同じ著作『人生の意味の心理学（上）』の別の個所でアドラーは、早期回想から何を知ることができるか、より具体的に説明しています。

早期回想は特に重要である。まず最初に、それは原初の、もっとも単純な表現でライフスタイルを示す。これらの早期回想から、子どもが甘やかされたか、無視されたか、どこまで他者と協力するために訓練されたか、誰と協力することを好んだか、どんな問題に直面したか、どのようにそれに対処したかが判断できる。（中略）最初の回想は、人の人生についての根本的な見方、態度の最初の満足いく表現を示すだろう。それは、人が発達の出発点として何を取ったかを一目で見ることを可能にする。私は、早期回想をたずねないで人について調べることはないだろう。

『人生の意味の心理学（上）』Ｐ93～94

このように「早期回想をたずねないで人について調べることはない」と言うほど、アドラーにとって早期回想がその人を知る上で重要だったことがわかると思います。

アドラーがこれほどまでに重視する早期回想ですが、もっとも中には、幼児期の記憶はあやふやなのが一般的で、そのような記憶に信頼が置けるのだろうか、と疑問を呈する人もいるに違いありません。

実際、アドラー自身も、多くの記憶は空想されたものであり、後になって変えられたり、歪められたりしたものである、と指摘しています。しかしそれでも、早期回想の重要性は変わらない、とアドラーは繰り返して主張します。


人がもっとも早いものだと見なす記憶が、実際に思い出すことができる最初の記憶であるかどうかは重要ではない。実際にあった出来事かどうかさえ重要ではない。記憶は、それが意味していることのゆえに、人生についての解釈とそれの現在と未来への関係のゆえにだけ重要なのである。

『人生の意味の心理学（上）』Ｐ28

回想は、自分自身の限界や出来事の意味をそれによって思い出させるものである。「偶然の回想」はない。人が受ける無数の印象から、どれほどぼんやりしていても、自分の問題と関係があると見なす回想だけを選び出すのである。これらの回想が「私の人生の物語」を表す。

『人生の意味の心理学（上）』Ｐ92

多くの記憶は空想されたものであり、大部分はおそらくは後になって変えられたり、歪められたものである。しかし、このことは記憶の重要性を減じるというわけではない。変えられた、あるいは、想像された記憶も、患者の目標を表しているのである。

『人はなぜ神経症になるのか』Ｐ１２９

このように早期回想は、それが選ばれたからこそ重要なのであって、それが実際にあったかどうかは重要ではありません。仮にそれが作り替えられているとしたら、それはその人が持つ目標に応じて作り替えられることになるでしょう。だから早期回想に、その人のライフスタイルが表現されるわけです。

●アドラーのカウンセリング

続いて具体的な早期回想の例と、それに対するアドラーの解釈についていくつか取り上げたいと思います。ここで紹介する早期回想の解釈は、実際の症例に対するアドラーのカウンセリングを通じて行われたものです。そこで、早期回想の具体例についてふれる前に、アドラーがどのようなカウンセリング方法をとったのか、簡単にふれておきたいと思います。

アドラーが採用したカウンセリングの一般手順を単純化すると次のようになります。

①関係　クライエントと「良い関係」を築く
②目標　クライエントの私的論理と隠された目標を見つける
③洞察　右記のものをクライエントが理解するのを助ける
④再方向付け　クライエントがより良い目標を見つけるのを手伝う

アドラーが最初に重視したのは、クライエント（患者）との関係でした。そのことはアドラーの次の言葉からもわかります。

治療の最初のルールは、患者の信頼を得ることである。第二のルールは、カウンセラーが、決して、自分自身の成功について気をもまないということである。そのようなことをすれば、成功を失うことになる。

『人はなぜ神経症になるのか』P83

クライエントと良い関係を築いたら、クライエントが持つ隠された私的論理や目標を明らかにします。これはクライエントのライフスタイルを明らかにする段階でもあります。

アドラーはここで推測という手法を好んで用いました。これは、クライエントからすべての情報を聞き取ってから症状を解釈するのではなく、情報の一部から推測し、さらにまた追加の情報から推測する、という方法です。ただし、新たに提示された情報によって、それ以前の推測との間に矛盾が生じる場合があります。また、アドラーの下した解釈をクライエントが拒否する場合もあります。このような場合は、前の推測を撤回して新しい解釈に修正します。要するに、推測はいずれも暫定的なものであり、常に可変です。

この推測からアドラーはクライエントに洞察を与えます。そして、不適切な私的論理や目標について理解してもらい、コモンセンスに従った新しい目標をクライエントが見つけ出すことを手伝います。勇気や自信を与え、新しい目標に向けて、クライエントの背中を押します。

個人心理学は、子どもたちに、もっと勇気と自信を与えることで、また、子どもたちに困難は克服できない障害ではなく、それに立ち向かい征服する課題であると見なすよう教えることで、すべての子どもたちについて、その精神的な能力を刺激する努力をすることを主張する。

『子どもの教育』P176

アドラーの言葉から、克服できない問題はないという強い自負心がうかがえます。また、アドラーが、いかなる体罰にも反対していた点も追記しておきましょう。

生徒：このような子どもにはどんな状況であれば体罰を勧めますか？
アドラー：あなたは私はいかなる体罰にも反対であることを確信すべきである。私が用いる方法は、小さな子どもの頃の状況を学び、説明し、説得することである。このような子どもを叩くことで何を得ることができるのか。学校で失敗したからといって、子どもを叩くことを正当化することなどできない。

『子どものライフスタイル』P40

●公開カウンセリングとは何か

アドラーは、クライエントと一対一で向かい合うカウンセリングとは別に、大勢の参加者の前で行う公開カウンセリングも積極的に実施しました。

1919年、第一次世界大戦後のウィーンでは社会民主党が実権を握り、以後、「赤いウィーン」

と呼ばれる社会制度改革が行われました。この改革の一環として、アドラーはウィーンに児童相談所を設け、子どもの教育に関する教師やカウンセラー、医師などの相談に応じました。その際に実施されたのが公開カウンセリングです。

公開カウンセリングでは、教師やカウンセラーから提出された、問題のある子どもに関するレポートをアドラーが逐次読み上げて解釈していきます。通常、レポートはその場で初めてアドラーに手渡されるものでした。これにより、アドラーが通常の診療で、どのような方法をとっているのか生徒（教師やカウンセラー）に理解してもらうのがその目的でした。先に掲げた引用で、生徒とアドラーの会話がありましたが、これも公開カウンセリングの一部からとったものです。

カウンセリングのケースによりますが、レポートの解釈を終えた後、症例の子とその親にアドラーが面談して、カウンセリングを行います。大勢の前でカウンセリングを行うことに否定的な意見もありました。しかし、その記録を見ていると、アドラーは大勢の人の前で、問題のある子どもたちを上手に勇気づけていることが見て取れます。その一例を紹介しましょう。注目を集めたいがために教室で騒ぎ、授業の邪魔をする生徒に対するカウンセリングの一部です。

アドラー：君は私のように医者になりたいそうだね。なってみたいかい？
少年：うん。

（中略）

アドラー：いつもリーダーになりたい？　よい仕事でリーダーになることはすばらしいことだ。でも時には男の子は悪いことでリーダーになるのがもっといいことだと信じる。私には君はいつも注目の中心にいたいと思っていると見える。子どもの時に甘やかされた？

ジョン：そんなことはない。

アドラー：じっくり考えたらいい。たぶん、君は以前ほど自分が大事にされてなくて、注目を引くただ一つの方法は、君のクラスの邪魔をしてお母さんと喧嘩をすることだと感じているのだ。（中略）皆が「ジョンはすてきな子だ」といったら、ずっとすてきではないかな？　注目の中心でいるために人の邪魔をするのは非常に卑怯なことだ。他の人を助ける方がずっと勇気がいる。クラスでもっともふるまいのよい生徒になるためにどれくらいかかると思う？　私は君なら二週間でできると思う。二週間経ったらまたきて、どんなふうか教えてくれるかな？

ジョン：うん。

『子どものライフスタイル』Ｐ73～74

アドラーは、互いの了解のもと、子どもたちにやってもらいたいことを期限つきで提案し、その結果がどうなったか報告してほしい、という話の締めくくり方を好みました。子どもを勇気づけるアドラーの態度が伝わってくると思いませんか。

●早期回想の具体例

それでは、アドラーが公開カウンセリングを通じて行った早期回想の具体例と解釈についてふれましょう。アドラーが早期回想をいかに解釈したのか、その一端を理解できると思います。

三歳の時、私はお母さんが恐かった。黒い帽子をかぶり、クランプスのように見えたからです。それで私は姉のところに行きました。私は姉の方が好きだったのです。

『教育困難な子どもたち』Ｐ80

こちらは9歳の女の子の早期回想に関するレポートの一部です。まず、この初見の早期回想からアドラーは、少女の母親との距離、母親への批判を読み取ります。その上で、3歳の頃、少女と母親の間に何かあったと推測します。その何かとは、弟か妹の誕生ではないか、とアドラーは考えます。弟か妹の誕生は、少女に対する母親の注目が減少する要因になるからです。

また、母親から距離をおく女の子は、やがて第2段階として父親を頼るようになるともアドラーは推測します。その上で、さらにレポートを読むと、次のような別の早期回想がありました。

「弟が生まれて来た時、弟はひどく大きな声で泣き叫んだので私はいいました。『この子を返してきてよ。こんな赤ん坊なんかいらない。こんなに泣くんだから』」（同書P81）

まさにアドラーが推測したとおり、少女には弟がいたことがわかります。弟の誕生により母親の愛情を受けられなくなった少女の姿が、この早期回想から浮かび上がってきます。

私の早期回想の一つは、一番最初のものではないとしても、私が三歳半の時に起こった出来事です。私の両親のところで働いていた少女が、私のいとこと私を地下室へ連れて行き、りんご酒を飲ませたのです。私たちは、それを大変気に入りました。

『人生の意味の心理学（上）』P106

年齢はわかりませんが少女の早期回想です。この早期回想からアドラーは二つの推測をしています。まず、彼女が地下室に入ってりんご酒を飲むといったように、新しい経験に興味をもち、人生の取り組みで勇気があるのではないかという推測です。また、自分より強い意思を持つ人が、自分たちを惑わすことができる、と言っているのかもしれないとも推測しました。

その後、さらにレポートを読み進めると、「少し後で私たちはまた飲みたくなって、飲もうとしました」（同書P106）とありました。これによりアドラーは、この少女は勇気があり独立したいと思っている、と先に推測した前者の路線で解釈します。

僕たちはリトルフォールズに住んでいた時、スイカを盗んでいた。小さかった時、床に兎の穴があったのを覚えている。僕はその中にマッチを入れていたが、マッチがベッドに落ちて火がついた。兄は走って階下に降りていって父を呼んだ。

『子どものライフスタイル』Ｐ１２９〜１３０

こちらは12歳の非行少年の早期回想です。この早期回想からアドラーは、まず、「僕は盗んでいた」ではなく「僕たちは盗んでいた」という表現に注目しています。この他人事のような表現に、この少年が非行少年団の影響を受けて催眠状態にあるのではないかと、アドラーは推測します。

また、「兄は走って階下に降りていって父を呼んだ」という表現から、この子は何か事故が起きても誰かがいつも助けてくれると信じている、とアドラーは推測します。自分の劣等感を克服せず、前向きに何かに取り組むことを恐れているようです。

アドラーは、情報を総合的に分析して、この少年が、他者のリーダーシップを好む余り自分を見失っていると判断します。そして少年の父親に、少年を罰するのではなく、「お兄さんやギャングの援助がなくても何でも自分でできるのに十分強いということを確信させられなければなりません」（同書Ｐ１３２）と勇気づけの大切さをアドバイスしています。

私は四歳の時、上手に絵が描けませんでした。

『教育困難な子どもたち』P76

8歳または9歳の女の子の早期回想です。アドラーはこのたわいもない回想にも特別の関心を寄せています。「なぜこの女の子がまさに絵を描くことを（早期回想として）選び出したかに興味があるのです。おそらく彼女は絵を描くことに特別に関心があって、絵を描くことに苦心していたのでしょう。おそらくこの子どもは左利きだったのではないか、と思います」（同書P76）。

アドラーによると、左利きは全人口の35％に及び、親もそのことを知らずに子どもを右利きとして育てるため、左利きからくる困難を体験します。このような事実から、アドラーは右のように推測したわけです。

アドラーは右利きか左利きかを知る簡単な方法についても紹介しています。「子どもに指を組んでもらいます。もしも左の親指が上にくれば、その子どもは左利きです。子どもは自分ではこのことを知りませんし、両親も大抵知りません」（同書P76）。

余談ながら、筆者は右利きか左利きかを特定するこの方法を、アドラーのこの著作で初めて知りました。実際に私も手を組んでみましたが、自然に左の親指が上に来たのには驚きました。逆に右の親指を上にして手を組もうとすると、しばし組み方を考えなければならないほど不自然です。私は根っからの右利きだと思っていましたから大変意外でした。皆さんもぜひ試してみてください。

それはともかく、少女の回想をさらに解読したアドラーは、この少女の人生の指標が、「困難には立ち向かっていかなければならない、そうすれば、万事はうまくいくというものだった」（同書Ｐ76）と推測しています。

二歳半の時に、両親と汽車に乗って旅行したのを今も覚えています。

『教育困難な子どもたち』Ｐ78

４年生の女の子の早期回想です。アドラーはこの少女が、場所の移動や速い乗り物に興味があるのかもしれないと推測します。

さらに回想が続くと、「二ヶ月後、家に帰りました。すると、ベッドの中に小さな妹がいるのを見ました」（同書Ｐ78）とあります。ここからアドラーは、少女が旅行したときは一人っ子だったと推測します。それまでは両親の注目は自分に集まっていました。しかし、妹の誕生により、少女は王座を追い払われる経験をすることになります。この経験が少女のライフスタイル（例えば嫉妬深さ）に大きな影響を与えているとアドラーは考えます。アドラーの推測は、続く回想である「私は満足するということがありませんでした……。（中略）というのは私は、母が妹の方を私より好きである、と思っていたからです」（同書Ｐ79）により、確信に変わります。

僕は、今も祖母の埋葬式、棺、霊柩車のことを覚えています。『教育困難な子どもたち』P75

最後にもう一つだけ紹介しておきます。年齢はわかりませんが男の子の早期回想です。第2章でアドラー自身の早期回想にふれました。そこに弟の死とその葬儀に関する早期回想がありました。アドラーは死と闘い、死を克服することを望んだことから医師を目指しました。アドラーはこの早期回想にも同じ傾向を認めていて、この男の子が医師になることを決意したかもしれないと推測します。

またアドラーは、この早期回想と比較して、かつて「将来、何になりたいか」と尋ねた少年の話を引き合いに出しています。その少年は「墓掘り人」になりたいと答えました。なぜかと問うと、「僕は他の人を埋葬したいが、他の人に埋葬されない人になりたいから」（同書P75）という答えが返ってきました。

この少年もまた死を克服しようとしているのがわかります。しかし、医師になりたい子どもは、共同体に貢献しようとしていますが、「墓掘り人」になりたい子どもは、自分のことしか考えていないとアドラーは解釈します。こうして前者はコモンセンスに従ったライフスタイル、後者は私的論理に従ったライフスタイルに準じている、とアドラーは推測するわけです。

●家族布置とライフスタイル

その人のライフスタイルは、どのような家族構成で、家族内でどのような立場にあったかにも大きな影響を受けます。これを家族布置といいます。右で見た早期回想にも妹や弟、兄の話が出てきていたことからも、家族布置の重要性がわかるでしょう。

アドラーは、第一子、第二子、末っ子が持つライフスタイルに、一般的な傾向があることを見て取りました。以下、それぞれの傾向について確認しておきたいと思います。

まず、第一子についてです。第一子は、夫婦にとっての最初の子どもですから、親が常に心配し、過剰な注意を払います。そのため第一子は自分が注目の中心にあると考えてしまいがちです。このまま一人っ子のままだと、甘やかされた子になる傾向が強くなります。

しかし、第二子が生まれた場合は状況が激変します。それまでは、母親は彼だけのために存在していました。しかし、第二子の誕生により、突然王座を奪われる羽目に陥りました。以後、第一子は、失われた王座を回復するために闘わなければなりません。

次に紹介するのは、学校でうまくやっていけない、いわゆる「教育困難」な８歳の少年に対するアドラーの解釈です。この少年には三つ下の妹がいます。

ここでもまたわれわれは兄と妹という問題を持つ。この二人の子どもたちの間にはかなり激しい競争があるに違いない。そして、完全に吟味すれば、問題は彼が三歳か四歳の時、妹との競争関係に直面することを強いられた時に始まったということを見出すであろうことを想像する。おそらくこの時期に勇気と自信を失い始め、行動によって母親が彼を過度に甘やかすことを続けることを要求したのである。おそらく、彼の妹は強く健康な子どもで、彼女の進歩が彼の領域を脅かしているのである。

『子どものライフスタイル』P138

このように第一子は第二子から追いかけられる状況にあります。そして状況にうまく適応できない場合、常に失われた楽園を振り返ろうとします。この傾向が極度に強まると、その子のライフスタイルは不適切なものとならざるを得ません。

次にその第二子です。第二子の特徴は競争的であり、常に他の人に優りたい、いつも一番になりたいという願望を持っています。第一子に追いつき、そして追い越そうとします。そのため、第一子に追いつける希望がある限り、第二子は正常に成長することになるでしょう。しかし、度を過ぎた競争心は不健全です。アドラーは言います。

他の子どもたちが成功すると困惑し、誰かが先頭を切ると、神経的な頭痛、胃痛などを起こし始める。また、他の子どもがほめられると、すねてふてくされる。もちろん、他の誰かをほめることは決してできないであろう。嫉妬の兆候は、誇張された野心によくない印象を与えることになる。

『子どもの教育』P37

また、場合によっては第一子が非常に優秀で、とても追いつける見込みがないこともあります。このような場合、第二子は努力しても無駄だと考えるようになり、間違った道に入ることも考えられます。また、第三子が生まれた場合、第二子も第一子と同じ状況、つまり王座を追われる状況に陥ります。

最後に末っ子についてです。末っ子は家族の赤ん坊であり、弟や妹の誕生で王座を奪われる経験をしません。その意味で末子の状況は好ましいといえます。家族の経済状況も良くなっており、よりよい教育を受けられる環境が整っています。

末っ子も競争的ですが、年の離れた兄や姉には追いつこうとしても追いつけません。そこで、家族の他の成員とは異なる道を選ぶ傾向が強くなります。

例えば、もしも家族が商売に従事していれば、末子は芸術や詩に向かう。科学者の家族なら、セールスマンになる。私は他のところで今日のもっとも成功した人の多くは末子である、と指摘したことがある。これはどの時代にも当てはまることだと確信している。

『人はなぜ神経症になるのか』P115

●子どもの三つのタイプ

以上、家族布置によるライフスタイルの傾向について見てきました。次に誤った目標や不適切なライフスタイルを持つ子どもには、大きく三つのタイプがあるというアドラーの主張について見ていきます。いずれのタイプの子どもも勇気をくじかれているというのがアドラーの見立てです。

①劣等器官を持った子ども
②甘やかされた子ども
③憎まれた子ども

まず、劣等器官を持った子どもです。こちらは視覚や聴覚が劣っていたり、運動能力に問題があったりする場合を指しています。劣等感が過剰になると劣等コンプレックスや優越コンプレックスに陥りやすくなります。ただし、こうした器官的劣等性を克服することで偉業をなした人も多数いることを忘れてはなりません。

視力が劣っているということが職業選択の際に影響を与えることになった画家や詩人も多くいる。ミルトンやホメロスは、この後者の補償の典型的な例である。ベートーヴェンが難聴であったこと、また、デモステネースが吃音であったことも、優越性の追求がこれらの点に集中していることがわかる。

『人はなぜ神経症になるのか』Ｐ42

ドイツの劇作家グスターー・フライタークやゲーテ、シラーもひどい近視でした。そのため彼らは、自分の周囲がどのようにあるのか人一倍注意し、また人が現実を見る以上に、想像で見る能力を発達させることに成功しました。さらにベートーヴェンのみならず、スメタナやドヴォルザークも聴覚に障害があったといい、それを乗り越えて偉大な作曲家になりました。

●甘やかされた子どもと憎まれた子ども

次に甘やかされた子どもです。アドラーが不適切なライフスタイルの持ち主として最も警戒するのがこのタイプです。

甘やかされた子どもは、自分の願いが法律になることを期待するように育てられる。彼（女）は、注目されるが、それに値するだけの働きをするわけではない。そして通常、このように注目されることを生まれついての権利として要求するようになるだろう。

『人生の意味の心理学（上）』Ｐ23

甘やかされた子どもは、人に与えるのではなく、人から得ることを求めます。自立心が少なく、協力的でありません。困難に遭遇したら、他の人に助けを要求したり依存したりします。自己愛が強く、利己的で嫉妬深く、あたかも敵国に住んでいるかのように、周囲は敵ばかりのような生き方をします。そして何よりも、注目されること、いつも注目の中心にいることを望みます。

しかし、いつも注目されていることなど不可能です。そのため、注目の中心にいたいと考える子は、とりわけ人生の有用でない面で注目を得ようとします。その一つとしてアドラーは「おねしょ」を取り上げています。

われわれは、おねしょは明らかに他の人の注目を引きつけるために子どもによって採用される反抗する態度から帰結する一種の闘いであるといえるだけの十分な知識を持っている。

『個人心理学の技術Ⅱ』Ｐ205

つまり、いつも注目されていたいと考えるその姿勢がおねしょとなって表現されるというわけです。したがって子どもには、いつも注目の中心にいることは現実的でないことをわからせる必要があります。このように甘やかされた子どもにはいろいろと問題があり、アドラーは次のように断言しています。

このような甘やかされた子どもたちが、大人になると、おそらく、われわれの共同体において、もっとも危険な種類の人になるだろう。

『人生の意味の心理学（上）』Ｐ24

第3のタイプは、不幸にも親や周囲から憎まれて育った子どもです。このような子どもは、自分が周囲から愛されているとは感じないのは自然でしょう。そのため子どもは、周囲が敵ばかりと感じて、心を通わせようとしません。このようなケースでは、「自分が憎まれている」という考えが誤りであることを、子どもに理解させることが不可欠になります。

甘やかされると、自分の幸福のことにしか関心を持たなくなります。憎まれた子どもは、仲間がいるということを知りません。仲間（の存在）を体験したことがなかったからです。自己中心的

な関心だけが育ち、増していきます。『教育困難な子どもたち』P16

甘やかされた子ども、憎まれた子どもは、いずれも共同体と適切な関係を持てない傾向が強い点で共通しています。これはいずれも私的論理に準じた生き方をしているからです。この生き方をコモンセンスに従った生き方に変える必要があります。

●母親の役割・教師の役割

甘やかされた子ども、憎まれた子どもとも、両親、特に母親による影響はことのほか大きいと考えられます。中でも甘やかされた子どもの場合、親が子どもの危険を事前に察知し、困難を取り除く傾向が強いものです。これは子どもの自立を妨げます。

子どもたちに共同体で生活するための準備を最初にさせるのは親の仕事、中でも母親の仕事です。その際に、アドラーは母親が子どもに対してすべき役割は大きく二つあると述べました。

まず、子どもの心を母親に引きつけること、子どもの関心を母親に向けさせること、母親が仲間として子どもの前に立つことです。それから、子どもの関心を他の人に向けさせること、父親も仲間として見出させることです。その上でアドラーは言います。

母親であることの技術は、子どもに自分自身の努力で自由と成功の機会を与え、そうすることで、子どもがライフスタイルを確立し、ますます有用な方法で優越性を求めることができるようにすることにある。それから、母親は、子どもが次第に他の人と、人生のより広い環境に関心を持つように仕向けなければならない。

『人はなぜ神経症になるのか』Ｐ40

またアドラーは、両親が子どもと一緒に食事をとる重要性を説きます。それというのも、家族がテーブルに着く時どう振る舞うかを幼い頃から訓練されていなければ、子どもたちの共同体感覚（５章参照）が正しく発達しないからです。その上でアドラーは言います。

テーブルでは陽気で楽しい雰囲気を作らなければならない。つまり、互いに意見を交換し、オープンに互いに話をし、決して批判したり、学校での行動を取り上げて非難してはいけない。それは他の時にとっておかなければならない。家族が七時に一緒に食事を摂ることの長所をどれほど高く評価してもしすぎることはない。

『個人心理学の技術Ⅱ』Ｐ１１３

現代社会では、毎朝７時あるいは毎晩７時に、家族全員が一緒に食事をとるのは難しいかもしれません。それならば、せめて休みの日だけでも、テレビを消した食卓で、家族全員が話をしながら食卓を囲むのはいかがでしょうか。

なお、家庭における子どもの教育が不適切だった場合、今度は学校での教育が重要になります。そのため、子どもの誤ったライフスタイルが続くのか、正されるのかは、教師の力量にかかってきます。アドラーは、「教師は、母親と同様、人類の未来の守護者であり、教師がなしうる仕事は計り知れない」（『人生の意味の心理学（下）』P37）とまで断言します。さらにアドラーはこう言います。

家庭と学校の両方の目的は、子どもが社会的な人間、人類の対等の一員になることを教えることである。これらの条件においてのみ、子どもは勇気を保持し、他者の幸福を増進する解決を見出して人生の課題に自信を持って対処するだろう。

『人生の意味の心理学（下）』Ｐ１３８

いまや家庭と学校の問題は、アドラーの時代以上に複雑になっています。しかし、子どもの幸せは家庭と学校にかかっている点に変わりはありません。その意味でアドラーの言葉の重みは時代を経ても減じることはありません。

第５章　共同体感覚

すべて人は意味を追求する。しかし、もしも自分白身の意味が他者の人生への貢献にあるということを意識しない時にはいつも誤るのである。

『人生の意味の心理学（上）』Ｐ14

●共同体感覚とは何か

汝自身を知り、ライフスタイルが不適切であれば、適切なライフスタイルへと是正しなければなりません。アドラーに従うならば、そもそもライフスタイルとは虚構です。私たちがたまたま採用した、人生に対する根本的な態度であり、それは書き換えが可能です。この点に関してアドラーは地球の子午線をたとえに挙げています。

子午線は実際には存在しません。虚構です。しかし、この虚構の子午線があるからこそ、私たちは地球上の特定の場所を指し示せます。このように虚構とはいえ大変便利なものです。しかしながら、めいめいが勝手に子午線を設定して使用していては、特定の場所の位置を共有することはできません。この場合、新たに子午線を書き換えて、互いに共有することが欠かせません。

同様のことが、私たちのライフスタイルにも言えます。適切なライフスタイルは豊かで幸福な生活を送る後押しをしてくれます。しかしライフスタイルが不適切だと生活に問題が生じます。とはいえ、ライフスタイルは虚構なのですから、書き換えることは可能です。

では、どのようなライフスタイルに改善すべきでしょうか。実はすでに結論は明瞭です。それは、コモンセンスに従ったライフスタイルを再構築することです。

私たちはコモンセンスに従って生きていると、とても充実した気分になります。コモンセンスに従って生きるとは、簡単に言うと次のような状況を指します。

人生は仲間に関心を持ち、全体の一部であり、人類の幸福に貢献することである。

『人生の意味の心理学（上）』Ｐ13

このような状態の時に得られる感覚をアドラーは、本章のテーマである「共同体感覚」と呼びました。共同体感覚の身近な例として、アドラーの高弟ウルフによる、とっておきのエピソードを示しましょう（『どうしたら幸福になれるか（下）』Ｐ２０９～２１０）。

辣腕ながら極めて利己的な経営者がいました。彼は仕事に忙しく、自分の周囲にいる人々の苦労や痛みを知る時間がないとこぼしていました。

その経営者に対してウルフは、「大きな鉄道の終着駅に行って、誰か困っている人を助けたり、勇気づけたり、愉快な言葉をかけたりしてごらんなさい。誰かに役立つまで駅を離れてはいけません」と、アドバイスしました。

その晩、男は言われるがまま駅へ向かいます。すると老婦人が待合室の隅で泣いていました。事情を聞くと、娘に会うために町にやって来たのだが、番地を書いた紙を紛失したとのことです。男は電話帳で娘の住所を見つけ出し、老婦人をタクシーに乗せ、しかも何本かのバラもプレゼントとして贈り、無事、娘の元へ送り届けました。

そのあと男はウルフに電話をかけてきてこう言いました。

「どうです。先生、私はとうとう人間になったような気がします」

いかがでしょう。この男が体験した感覚を、私たちも追体験できると思いませんか。これが共同体感覚です。コモンセンスに従って、共同体に貢献した時に得られる感覚です。ちなみに、その後、この利己的な経営者は、たびたび待合室に姿を現し、困っている人の手助けをするようになりました。また彼は、毎年クリスマスになると「彼の最初の人間性の立て直しの冒険」で出会った老婦人に、思いっきり美しいバラの贈り物を欠かさなかったそうです。

駅で困っている人を助けるという、たったこれだけの行為が、利己的な経営者のライフスタイルを変えました。ウルフのこのエピソードが印象的なのは、私たちはちょっとした勇気を持って一歩踏み出すことで、容易に自分を変えられる、共同体感覚を手に入れることができる、という事実を教えてくれるからではないでしょうか。

●実際的で実用的な共同体感覚

ウルフのエピソードからもわかるように、人が全体の一部であり、全体とともに生きていることを実感する共同体感覚は、人が生きていく上で、実際的かつ実用的なものです。これには理由があります。

「第2章　劣等感」でふれたように、アドラーは人が生きていくには、共同体に所属することが欠かせないと考えました。しかし、共同体の中で生きている人が、自己の利益のみを考えて、相手から搾取することばかりを考えれば、やがて共同体は成立しなくなります。共同体なしでは生きられない人間にとってこれは極めて不都合です。

このように考えると、共同体に生きる人は、まず、共同体に貢献することを考えなければなりません。共同体から「得る」ことを考えるのではなく、まず「与える」ことを考えねばなりません。共同体に貢献する（あるいは与える）ということは、その共同体が価値のあるものと考えていることに貢献することです。「共同体にとって価値あるもの＝コモンヤンス」に奉仕することです。言い換えるとコモンセンスを理解し、これに準じた貢献を共同体に対して行う。そうすれば共同体はその人に感謝するでしょう。このときに得られる感情、これが共同体感覚にほかなりません。

そもそも考えてみれば、社会という共同体は、何か貢献してくれた人に対して感謝の意を示します。感謝だけで足りない場合、報酬も支払うことがあるでしょう。

では、皆さんは、何も貢献しない人に報酬を支払おうとしますか。普通はしませんよね。しかし我々はこの極めて基本的な事実をとかく忘れがちです。貢献しない人には報酬を支払わない。でも我々は、貢献する前に、何かを奪おうとする。与える前に、何かを得ようとする。

この考え方って、おかしいですよね。実はこれが私的論理を前提にした生き方です。

この態度をコモンセンスに準じた生き方に調整する。共同体感覚をより体験できるライフスタイルに調整する。そして、より共同体に貢献する。そうすれば、共同体からより多くの感謝や、より多くの報酬を得られることになります。実際、私たちの周囲にあるものは、私たちに貢献するものばかりです。

今日われわれのまわりにわれわれが祖先から受け取った遺産を見れば、われわれは何を見るだろうか。それらの中で残っているものはすべて、人間の生活に貢献したものだけである。耕された大地、道、建物をわれわれは見る。祖先の人生経験の果実は、伝統、哲学、科学、芸術、そして、われわれ人間の状況に取り組むための技術の中に、われわれに伝えられている。これらのものはすべて人間の幸福に貢献した人からわれわれに受け継がれたものである。

『人生の意味の心理学（上）』P17

つまり、高い共同体感覚を持っている人は、共同体に貢献し、同時に自分自身の利益も追求できることになります。この状況は、第3章でふれたハイ・シナジーな状態にほかなりません。したがって、コモンセンスに共感し、高い共同体感覚を持つ子ども世に送り出すことは、家庭や学校の使命になるわけです。それは共同体のためにも、そしてその子どものためにもなるからです。アドラーは次のように言います。

人間は、生物学的に見ても、明らかに社会的な存在であり、成熟に達する前に他の人に依存しなければならない時期は、どんな動物よりもずっと長い。人間がまさに生存するために必要とする高度な協力と社会文化は、自発的な社会的努力を要求し、教育の主たる目的は、それを喚起することにある。

『人はなぜ神経症になるのか』Ｐ39

共同体感覚は、人間の発達と密接に結びついています。共同体感覚を持っている子どもは、よく聞き、よく見ます。記憶力も成績もよく、友人や仲間を得る能力を持ち、よき協力者、仕事仲間であり、おそらく他の人よりも知力も優れています。なぜなら、共同体感覚によって他の人の目で正しく見て、他の人の耳で聞き、他の人の心で感じることができるからです。

『教育困難な子どもたち』Ｐ１１８

●アドラーが分類した四つのパーソナリティ

アドラーは高い共同体感覚を持つ人は活動的であり、このような人を「社会的に有用な人」と呼びました。この「共同体感覚」を縦軸にとり、「活動性」を横軸にとって、それぞれに「高い」「低い」の基準を設ければ、四つの象限を持つマトリックスを作れます（１１０ページ図参照）。同様のマトリックスはトム・ソーヤーが持っていた目標を分析する際に用いました。

この新たなマトリックスを利用すると、人が持つ典型的なパーソナリティを分類できます。右で見た社会的に有用な人は、「共同体感覚」が「高い」、「活動性」が「高い」の象限に位置づけられます。

パーソナリティーの分類

共同体感覚 ＼ 活動性	低い	高い
高い	評論家	社会的に 有用な人
低い	回避者 ゲッター （依存者）	支配的な人

では、「共同体感覚」が「低い」、「活動性」も「低い」の象限には、どのようなパーソナリティをあてはめられるでしょうか。アドラーはこの象限に、２種類のパーソナリティをあてはめました。「回避者」と「ゲッター」です。

回避者は、社会に依存したいものの、社会から満足な待遇を得られないため、人生の諸問題から目をそむける人です。引きこもりは回避者の一類型と言えるでしょう。子どもの頃に甘やかされた人は、社会にうまく適応できず、回避者になる可能性が高まります。

一方、ゲッターは依存者とも呼ばれ、このタイプの人は、自分からは他者に何も与えず、あらゆるものを他者から得ようとします。回避者と同様、子どもの頃に甘やかされた人は、成長するとゲッターになる可能性も大きくなります。

次に「共同体感覚」が「低い」、「活動性」が「高い」の象限について考えてみましょう。アドラーはこの象限に該当するパーソナリティに「支配的な人」をあてました。

支配的な人は他者を攻撃することが得意で、また他者を攻撃するために自分を攻撃することさえあります。さらに、支配的な人は権力闘争を非常に好みます。これは権力を得て人を支配したいという欲望もありますが、敵対者を徹底的に打ちのめしたいという隠された目標も存在します。このように書いていると、どこかの国の大統領を想起してしまいますが、皆さんはいかがでしょう。

回避者、ゲッター、支配的な人、いずれのパーソナリティも、共同体感覚が低いのですから、コモンセンスに従っていないことになります。言い換えると私的論理に従って生きている点で、この3種類のパーソナリティは共通するわけです。

●評論家という五つ目のパーソナリティ

残る象限は、「共同体感覚」が「高い」、「活動性」が「低い」です。アドラーは、高い共同体感覚の持ち主は、おしなべて活動的だと考えました。そのためアドラーは、この象限に該当するパーソナリティを想定しませんでした。

ただし、共同体感覚の特徴や重要性は頭で理解している人も「共同体感覚」が「高い」と想定したとします。そうすると、「共同体感覚」が「高い」にもかかわらず、「活動性」が「低い」というパーソナリティが浮かび上がります。実はアドラー自身がそのようなパーソナリティについて、著作『性格の心理学』で言及しています。

ある老婦人が市街電車に乗ろうとしたところ、足を滑らせて雪の中に転げ落ちました。しかし大勢の人は老婦人の側を通り過ぎるだけで助け起こそうとしません。ようやく1人の男が雪の中に倒れている老婦人に手を差し伸べて助けました。

するとその瞬間、どこかに隠れていた男が飛び出してきてこう言いました。

「とうとう、立派な人が現れました。五分間、私はそこに立ち、この婦人を誰かが助けるかどうか待っていたのです。あなたが最初の人です」（『性格の心理学』Ｐ16）

いかがでしょう。この飛び出してきた男は、共同体感覚の大切さについては理解しているようです。しかし、自分では行動しようとしませんでした。ただ、行動する人物が現れるのを待っているだけでした。

よって、この人物を先のマトリックスにあてはめるとしたら、「共同体感覚」を頭で理解している程度は「高い」であり、「活動性」は「低い」という最後の象限にあてはめられるでしょう。このようなパーソナリティを「評論家」と呼んでもいいかもしれません。

皆さん自身はどのパーソナリティの持ち主でしょうか。もちろん目指すは社会的に有用な人です。繰り返しになりますが、社会的に有用であれば、結果として自己の利益の追求にもプラスに働きます。ライフスタイルは虚構です。容易に作り替えられます。この点を十分に理解して、社会的に有用な人を目指したいものです。

●問題から回避する常套句

もっとも、ライフスタイルは容易に作り替えられるとはいえ、誰しも従来のやり方を変えるのは億劫なものです。人は新しい一歩を踏み出さず過去に執着しがちです。こうした勇気をくじかれた人が使うフレーズに「もしも～ならば」と「はい～でも」があります。

「もしも家が貧しくなければ、もしももっと時間があれば、もしも頭痛がひどくなければ、僕が1番になれるのに」と溜息をつく人がいます。しかしこの言葉は、本当に1番になる努力を回避するための理由づけです。仮に、両親が優しく、家が裕福で、健康だとしても、このような人は別の理由を探し出して「もしも～ならば」と言うでしょう。困難を探すこと、困難を増やすことで、本当に解決すべき問題から回避します。

「もしも」は、通常、神経症のドラマの主題である。「もしも」は、神経症的なジレンマにおける最後の頼りであり、逃避のための唯一の確実な方法である。「逃れようとする」ことには、一つの理由しかない。敗北することを恐れることである。

『人はなぜ神経症になるのか』P17

先に「もしも～ならば」と溜息をついた人物は、アドラーが言うように、1番になる努力をして、1番になれなかった時、つまり敗北が怖いのでしょう。仮に私たちの口から「もしも～ならば」のフレーズが出てきたら、私は何に敗北するのを恐れているのか、考えてみる必要があります。

それから、「はい～でも」も、解決すべき問題を回避し、行動を先延ばしする際の常套句です。

「はい、おっしゃる通り不適切なライフスタイルは改善しなければなりません。でも、改善したからといって状況がよくなるとは限らないのでは？」

取り組みたいのはやまやまながらと見せておき、「でも」を用いて取り組みたくない理由を説明しています。このような受け答えをされると、応じる側もうんざりしてしまいます。

特に神経症を持つ人は、この「もしも～ならば」と「はい～でも」を頻繁に利用します。これは神経症を持つ人たちのライフスタイルを確認するとその理由がよくわかります。

そのライフスタイルとは、課題に直面しても問題を解決しようとせず、他人に依存し、また時に他人を支配しようとするのが特徴です。このライフスタイルを維持するのに、「もしも～ならば」「はい～でも」は、とても強力な武器になるわけです。

●夢とライフスタイル

アドラーは夢とライフスタイルが密接に関係していると主張しました。確かに個人心理学では人間の精神過程を分割できないと考えますから、やはり精神の産物である夢も、ライフスタイルと深く関わっていることになります。

私は、夢の生活が覚醒時の生活とは矛盾しないことがわかった。それは、いつも人生のもう一つの動きと表現に並行している。昼間に優越性の目標を目指して努力していれば、夜も同じ問題に従事しているのである。誰もが、覚醒時の生活において持っているのと同じ問題を夢の中でも根底において持っている。夢は、それゆえ、ライフスタイルの産物であり、ライフスタイルと一貫していなければならない。

『人生の意味の心理学（上）』Ｐ１２３

一般に、私たちは朝起きると、多くの場合、見た夢を忘れてしまっています。その場合、夢の中での経験は何も残っていません。しかし、アドラーは、夢を見た後の「感情の余韻」が残っていると主張します。そして、この気分や感情の余韻を作り出すことが、夢の目的だとアドラーは言います。アドラーによると、この作り出された気分や感情の余韻は、ライフスタイルを支持し、強化するために利用されます。ライフスタイルの変更を余儀なくされている時に、夢が作り出す気分によって、従来通りのライフスタイルを堅守するように促します。アドラーはこう言います。

それゆえ、夢の目的は、コモンセンスの要求に対して、ライフスタイルを守ることである。これがわれわれに興味深い洞察を与える。コモンセンスに従って解決したくない問題に直面していれば、その態度は夢の中で喚起される感情によって強めることができる。

『人生の意味の心理学（上）』Ｐ１２５

その上でアドラーは一例を挙げて、試験を前にして自信のない人の夢と自信のある人の夢を比較します。試験に自信のない人の夢の場合、例えば山の斜面から落ちる夢を見ます。これは不安な気分がさらに強まるでしょう。そのため、次の日にその人物が試験を受けないとしても驚くに当たらない、とアドラーは言います。

これに対して、試験に自信のある人の夢の場合、例えば日の当たった草原を歩いていて、突然、すばらしい城が目の前に現れ、喜びと興奮に満たされる夢をみます。この気分は、夢を見た人が試験に対して勇敢に取り組むのに役立つでしょう。

●考えるだけでも効果がある

しかし、ライフスタイルを頑なに守ろうとする態度は、夢に見てまで強化されるのですから、ライフスタイルは容易に変えられるとはいえ、なかなか頑固なもののようです。

もっとも、本章の最初に見た利己的な経営者のように、ライフスタイルが一瞬にして書き換わり、高い共同体感覚を持てるようになることも事実です。このエピソードでウルフは、利己的な経営者に、実際に駅に行って人助けするようにアドバイスしました。実はアドラーもあるうつ病の患者に、これと似たアドバイスをして、共同体感覚の獲得を後押ししています。アドラーがとったのは、行動の第1の規則、行動の第2の規則、これを実践する方法です。

まず、行動の第1の規則です。こちらは、「あなたにとって気持ちのいいことだけをしなさい」「気持ちいいことがなければ、少なくとも不愉快になることはしないでください」というものです。別にことさら難しい規則ではありません。

次に、行動の第2の規則です。こちらは、「時々、どうすれば他の人に喜びを与えることができるかよく考えてみるということです。そうすれば、すぐに眠れるようになり、あなたの持っておられる悲しい考えをすべて一掃することができるでしょう。自分が役に立ち、価値があると感じられるようになるでしょう」というものでした。

しかし、うつ病の患者は、他人を喜ばすことなどできない、と主張しました。こうした可能性は、先の利己的な経営者でもあり得たでしょう。「ウルフ先生。私に人助けなんてできません」というように。うつ病患者の答えに対して、アドラーは次のように応答しました。

おそらく、次のようにしてご自分を少し訓練するといいでしょう。実際に、誰か他の人を喜ばせるようなことを「しない」でください。ただ、どうすればそうすることが「できる」かどうかだ

『人はなぜ神経症になるのか』Ｐ33

けを考えてください。

これは非常にユニークな方法だと思います。人を喜ばせるようなことは実際にはしてはいけません。ただ、どうすれば喜んでもらえるかだけを考えよ、とアドラーは言うわけです。

そもそも「共同体感覚」が「低い」「活動性」が「低い」という人が、いきなり双方とも「高い」にするのは難しそうです。ならば、まずは「共同体感覚」を「高い」にすることから始めましょう、というのがアドラーのとった方法です。

実際、人助けの場面を想像するだけで、胸が熱くなってくるものです。この熱い気分は共同体感覚の片鱗に間違いありません。この熱さを少しでも感じることが、実際の行動への後押しになるはずです。利己的な経営者がやったような人助けは恥ずかしくてできないという人は、まずアドラーが示した、行動の第１の規則、行動の第２の規則を実践して、共同体感覚にふれてみるのはいかがでしょう。これがやがて実際の行動に結び付くはずです。

●実用性の枠を越える共同体感覚

本章では共同体感覚が持つ有用性を、主に実用的な面からとらえてきました。ただし、アドラーが考える共同体や共同体感覚の適用範囲は、眼前の実用性を越えて大きく広がっていました。この点について知るには、アドラーが言う「共同体」について、より深く理解しなければなりません。

共同体の最も小さな単位は家族ではないでしょうか。となると家族が有するコモンセンスに奉仕するような活動をすれば共同体感覚を得られるに違いありません。

しかし共同体にはレベルがあります。地域コミュニティは家族を包含します。したがって家族にとって善きことでも、地域コミュニティにとって悪しきことならば、その行為は適切なものとは言えません。ただしこの点に関して、アドラーは次のように述べている点は要注意です。

個人の救済は、事実、共同体感覚を持つことにある。しかし、それはプロクルステスがしたように、人をいわば社会というベッドに無理やり寝かせるということを意味していない。

『子どもの教育』P31

プロクルステスはギリシア神話に出てくる強盗で、旅人を捕まえると鉄の寝台に乗せ、寝台よりも旅人の丈が短ければ引き延ばし、長ければはみ出た部分を切り落としました。つまり、プロクルステスの寝台のように、共同体のコモンセンスが不適切ならば、それに合わせるべきではない、と右の言葉でアドラーは言っているわけです。

では、私たちが基準にすべき適切な共同体とは何を意味するのでしょうか。さらにレベルを上げると、地域コミュニティの上には国家があり、国家の上には人類があります。こうして共同体のレベルを上へ上へと昇っていくと、「全人類の理想的な共同体」（『生きる意味を求めて』Ｐ２２５）に行き着きます。

したがって、より上位の共同体感覚は、国や民族への奉仕でもなく、人類全体を包括する理想社会にとっての共通の利益や福祉に貢献することです。さらにアドラーは、共同体感覚の範囲を宇宙にまで広げました。

（共同体との）一体感、共同体感覚は、精神がひどく病んだ時にだけ失われる。それを人は制限されたり、あるいは、拡大されて、少し色合いを変え、形を少しばかり変えることはあっても、生涯にわたって持ち続け、良好な状態の時には、家族だけではなく、一族、国家、全人類にまで拡大する。さらには、この限界を超え、動物、植物や無生物まで、ついには、宇宙にまで広がる。

『人間知の心理学』Ｐ50

この共同体は、例えば人類が完全の目標に到達した時に考えることができるような永遠のものと見なさなければならない。決して現在ある共同体や社会が問題になっているのではなく、政治的

> なあるいは宗教的な形が問題になっているのでもない。むしろ完全のために最も適当な目標が問題であって、それは全人類の理想的な共同体、進化の最後の完成を意味する目標でなければならない。
>
> 『生きる意味を求めて』Ｐ２２４～２２５

東洋の文化、特に日本の文化には、アニミズムという世界観、天地自然生きとして生きるもの全てが魂を持つという生命観があります。仏教ではこれを「草木国土悉皆成仏《そうもくこくどしっかいじょうぶつ》」と呼びました。アドラーの共同体感覚にも、どこか同様の東洋的・日本的な思想に受け継げられてきた香りが漂うような気がするのです。

ちなみに、アドラーが共同体感覚を宇宙にまで拡大したのは、第一次世界大戦中に軍医として働いた直後のことです。軍医の経験はアドラーにとってぞっとする体験でした。というのも、アドラーの任務は、肉体的あるいは精神的に傷ついた兵士を速やかに治療して、戦地に戻すことだったからです。

アドラーは戦争の悲惨さを目の前にして、いま文明が必要としているのは個人主義ではなく、「深い同情、利他主義、無私無欲」（『アドラーの生涯』Ｐ１３４）であること、民族は違っても、すべての人が他者に貢献する共同体感覚が不可欠だという結論に至ります。

アドラーはこの立場を個人心理学会の会員に宣言しました。しかし、突然宣教師のようなことを言い出すアドラーに会員の何人かは嫌気がさして、学会を退会する事態に発展しています。

確かにアドラーの主張は理想論かもしれません。しかし、全人類が地球、さらには宇宙のコモンセンスに従って生きたならば、地球上から戦争はきれいさっぱりなくなるでしょう。理想を実現するのは不可能かもしれません。しかし、不可能な理想でも追求することはできます。その理想を語ったのが、ほかでもないアドラーであり、共同体感覚だったわけです。

第６章　人生の三つの課題

態度が「与える」というものである時だけ成功するというのが、愛と結婚の不変の法則に見える。

『人はなぜ神経症になるのか』Ｐ58

●人生の三つの課題

本章のテーマは、人生についてです。中でも人生の課題について、アドラーの考え方を整理して紹介するのが狙いです。

しかし、人生とはままならないものです。多様で多岐にわたる問題や障害が山積していて、私たちの人生を苦難に満ちたものにします。とはいえ、アドラーに従うと、私たちの人生の課題は、単純に三つに分類できます。

私は前々から、すべての人生の問いは、三つの大きな課題、即ち、共同体生活、仕事、愛の問題に分けられるということを確信してきた。

『生きる意味を求めて』P35

このようにアドラーは人生の課題を、「共同体生活」「仕事」「愛」という三つの問題に単純化しました。その上でアドラーは次のように述べています。

個人心理学は、人間のすべての問題は、この三つの問題、即ち、仕事、対人関係、性に分けられるということを見てきた。各人がこの三つの問題にどう反応するかによって、各人はまぎれもなく、人生の意味についての自分自身の個人的な解釈を明らかにする。

『人生の意味の心理学（上）』P12〜13

人はこの三つの課題を、その人なりのライフスタイルで解決することで、人生の意味を明らかにする、とアドラーは言うわけです。したがって、人生の三つの課題は人生の意味とダイレクトに結びついており、人生の三つの課題に取り組むということは、人生の意味を理解する道に通じることを意味します（この点については次章で詳しく述べます）。

では、アドラーが指摘した人生の三つの課題、「共同体生活」「仕事」「愛」について目を向けてみましょう。すでに繰り返し述べているように、人間が持つ劣等感は共同体を生み出しました。人が共同体の一部として生きていくことは太古から人類に与えられた宿命のようなものです。したがって、共同体といかにしてより良い関係を結ぶかが、最初の重要な課題になります。

また、共同体を円滑に運営していくには、そこに参加する人が、共同体におけるそれぞれの役割を果たしていかなければなりません。これが仕事です。

さらに、私たちの性は男性と女性に二分されています。共同体の観点からすると、この愛や性、パートナーの問題は、子孫を残すことで共同体を維持するという点で極めて重要なテーマになります。

さらにその上で注目すべきは、これら人生の三つの課題が、いずれも人との関係なしに語れないという点です。こうして、「すべての人生の課題は対人関係である」（『教育困難な子どもたち』Ｐ１６０）と総括できるわけです。

それでは、この人生の三つの課題、詰まるところ対人関係に対処していくにはどうすべきでしょうか。本書を読んでこられた方は、だいたい見当がついていると思います。アドラーの言葉を引きましょう。

（人生の三つの課題という）この問いを解決できるのは、共同体感覚を十分持っている人だけであるということは明らかである。

『生きる意味を求めて』Ｐ37

私的論理ではなく、コモンセスに従って、共同体感覚を追求することが、共同体生活、仕事、愛の問題に対処する共通の態度になるとアドラーは言います。人生の三つの課題に共同体感覚が欠かせないのは、私的論理で共同体生活や仕事、異性との愛に取り組むケースを考えれば容易に理解できるでしょう。

私的論理に従って自己の利益のみを追求すれば共同体のメンバーは搾取の対象になり下がります。また、共同体における仕事は自己の利益のみを追求する手段になります。さらに、パートナーは自分に奉仕するための存在になるでしょう。このような人物が、人生の三つの課題に適切に対処していけるとはとうてい考えられません。

共同体感覚とは、人が全体の一部であること、全体とともに生きていることを実感することでした。そして、高い共同体感覚を持つということは、他者に貢献する態度が、結果として自己の利益にも返ってくる、ハイ・シナジーで極めて実用的なものでした。この態度を基本にして、共同体生活や仕事、異性との愛に取り組めば、そこには別の世界が広がるのは容易に想像できるのではないでしょうか。

再びアドラーの言葉を引きましょう。

自分の課題に直面するとは、人生の三つの課題を協力的な仕方で解決するという責任を持つことを意味する。われわれが人間に要求するすべてのこと、われわれが人間に与えることができる最高の賞賛は、人間が優れた仕事仲間、優れた仲間、愛と結婚における真のパートナーであるべきであるということである。要するに、人は自分が仲間であることを証明するべきである、といえる。

『人生の意味の心理学（下）』Ｐ１３９

以下、アドラーが言う人生の三つの課題それぞれについて、もう少し詳しく見ていくことにしましょう。

●共同体生活が崩壊する時

私的論理は共同体生活を時に崩壊させるパワーを持ちます。ゲーム理論でよく取り上げられるモデル「公共財の悲劇」は、私的論理によって台無しになる公共財を示しており、これは共同体崩壊の危機をも暗示しています。

例えば、ある街で公共施設を建設することになりました。この公共施設は、住民全員に等しく利得をもたらします。よって、全員から1万円ずつの寄付で建設することに決まりました。ただし、誰が寄付したのかは誰にもわかりません。

この場合、私自身とそれ以外の住民には二つの選択肢があります。まず、正直に寄付するケースです。これはコモンセンスに準じた態度と言えるでしょう。それともう一つは、寄付しなくても他の人にはわからないのだから、寄付しないケースです。こちらは私的論理に準じた態度です。

では、私が「どうせバレないのだから……」と、後者の私的論理に準じた態度をとったとします。仮に私1人がこの態度をとったとしたら、公共施設を設置するのに十分な寄付が集まり、建設は可能になるでしょう。こうして私は、身銭を切らずして、公共施設を利用できるわけです。このように、他人にお金を支払わせて、それにただ乗りする人のことをフリーライダーと呼びます。

しかし、同様のことを考えるのは私だけだとは限りません。同じように「どうせバレないのだから……」と考えて、寄付しない人が後を絶たないとしたらどうなるでしょうか。公共施設の建設に必要な寄付が集まらず、計画は頓挫することになるでしょう。仮に寄付の1万円に対して、公共施設の設置による地域住民の利得が、1人につき1万円を超えるとしたら、計画の頓挫により全住民が損失を被ることになります。

このように、フリーライダーの数が増加すると、社会の制度そのものが成立しないことを、この公共財の悲劇は雄弁に物語っています。ちなみに、公共財の悲劇は、入会地の悲劇という別名をもちます。入会地とは、農村や漁村に見られる、その村の人ならば利用できる山林や漁場のことを指します。私的論理に基づいて、好き勝手に木々を切ったり、魚をとったりしたら、入会地が運営不可能になるのは火を見るより明らかです。違反者に対する村八分は、これを防ぐための厳しい掟だと言えます。

公共財や入会地を共同体と考えてみてください。共同体に何かを与えるのではなく、共同体から搾取することばかりを考える人が増えたらどうなるでしょう。共同体が崩壊するのは必至です。

このように考えると、共同体に生きる人は、まず、共同体に貢献することを考えなければなりません。共同体から「得る」ことを考えるのではなく、まず共同体に「与える」ことを考えねばなりません。私的論理に基づく生き方から、コモンセンスに基づいた、共同体感覚を追求する生き方が欠かせません。再掲になりますが、アドラーの言葉に耳を傾けてみましょう。


人生は仲間に関心を持ち、全体の一部であり、人類の幸福に貢献することである。

『人生の意味の心理学（上）』Ｐ13

とはいえ、一方でフリーライダーがいる中で、コモンセンスに準じて生きるのは、なかなか勇気のいることではないでしょうか。それでも、高い共同体感覚を持って生きることが、結果的に実用的だった点を思い出してください。

そもそも、社会という共同体は、何か貢献してくれた人に対して感謝の意を示し、感謝だけで足りない場合、報酬を支払うものでした。本当に報酬を得ようとする人は、まず社会やコミュニティ、他の人に対して貢献します。共同体生活では、共同体を成り立たせているこのハイ・シナジーな原理原則をまず理解しなければなりません。

●コミュニケーションの大切さ

通りで知っている人に出会ったら「やあ、こんにちわ」、人に何かをしてもらったら「ありがとう」、困っている人を見かけたら「何かお手伝いしましょうか」――。このように、共同体生活の基礎となる対人関係では、言葉は潤滑剤の役割を果たします。そもそも人間が単独で生活する生き物ならば、言葉など必要はありません。

言葉を例に取ろう。たった一人で生きている人であれば言葉の知識はいらない。人間が言葉を発達させたということは、共同生活が必要であるということの明白な証拠である。言葉は人間同士のはっきりとした結びつきを確立し、同時に共同生活が作り出したものである。言葉の心理は、共同体の理念を出発点として用いて初めて理解できる。

『子どもの教育』P95

言葉は自分の意思を表明すると同時に、相手に共感してもらいたい時にも用います。共感してもらうには、言葉の内容が論理的でなくてはなりません。したがって、人間がやはりたった一人で生きているのならば、論理力も不必要でしょう。

相手に共感してもらおうとした時、私的論理で話をしても理解はしてもらえません。共感は互いに価値があると思う時に生まれます。したがって、コモンセンスに従って、適切な言葉で、論理的に話すことが不可欠になります。するとそこに共感、そして共同体感覚が生まれます。だからアドラーはこう言うわけです。

他方、いつも他人と交わっており、言葉と論理とコモンセンスを使って他の人と交わらなければならない人は、共同体感覚を獲得し、発達させなければならない。これがすべての論理的思考の究極の目標である。

『子どもの教育』Ｐ97

もっとも、顔見知りならばいざ知らず、見ず知らずの人に声をかけるのは勇気がいるものです。そのため私たちは、同じ共同体に暮らしながら、見ず知らずの人とはできるだけ一線を画そうとしがちです。これが嵩じると、自分が何か敵地で暮らしているかのように感じます。

この点に関して、あの利己的な経営者にアドバイスを送ったウルフが、ノイローゼ患者に別のアドバイスをしています。

私のノイローゼ患者たちに、バスだとか劇場だとかで、まったくただ会話をやりだすという目的で身近にいる人と話をしてみるといい、とすすめてみた。（中略）駅や船の桟橋や、劇場で行列をつくって待っている群衆のなかにいる人々の多くは、諸君とまったくおなじように一人ぼっちだったり、おなじように人に接するのが怖い人たちなのだ。

ウルフ『どうしたら幸福になれるか（下）』P202～203

実際にウルフは、自分が患者に言ったことを行動に移してみました。その結果、一度も相手から肘鉄砲を食らったことはない、と述べています。それはそうでしょう。話しかけただけで怒り出す人はそうそういないでしょう。しかも寂しさで時間を持て余していたとしたら、見知らぬ人から掛かる声は予期せぬ贈り物になるはずです。

もっとも、その際に語りかける言葉も重要です。いきなりカントやヘーゲルの話をしたとしても、相手は戸惑うだけです。天気やスポーツ、最近の社会の出来事は、こうした時の格好の話題になります。その意味で、誰もが関心を持つ話題はコモンセンスに従ったものであり、共同体生活を円滑に送るための潤滑剤になります。

●アドラーが持っていたユーモアのセンス

アドラーは友人作りがとてもうまかったといいます。アドラー自身が、私はいつも友人や仲間に囲まれ、友だちに大いに好かれた、と述べています。この要因の一つに、アドラーが持つ抜群のユーモアのセンスがあったようです。具体例を示しましょう。以下のエピソードは、いずれも『アドラーの思い出』の中で紹介されているものです。

ある時、アドラーと仲間たちが、観察者にとって人々の行動がどんなに複雑に見えるか話し合っていました。それを聞いていたアドラーが、こんな話を思い出したと語り始めます。

とある少年が学校に遅刻しました。教師は少年に、どうして遅れたのか理由を尋ねました。少年は言いました。

「つるつる滑るので、1歩前に進むごとに2歩後ろに下がってしまったんです」

先生はさらに尋ねました。

「それじゃあ、いったいどうやって学校まで来たの？」

少年は答えました。

「逆向きになって、うちの方に歩いて来ました」

——確かに少年の行動はとても複雑です！　これを読まれた方は、アドラーのジョークに苦笑されましたか。それとも「？」でしたか。

アドラーは講演でもユーモアを発揮しました。アメリカで児童の発達に関する会議がありました。アドラーの講演が終わり質問の時間になった時です。ある男が質問しました。

「教えてください、アドラー先生。小さな子どもを育てる時に忘れてはならない三つの最も大事なことはなんでしょう」

アドラーは、「第1に、こどもを勇気づけること、第2に、子どもが人生の有益な側面で生きるよう支援すること」だと答えました。大喜びした質問者は言いました。

「わかりました、アドラー先生。それでは第3番目に重要なことは何でしょう」

アドラーはしばしまごつきました。ぴったりとあてはまる原則を心の中で探しているのでしょう。男はアドラーの答えを、いまかいまかと期待をみなぎらせ、聴取も耳を澄ませています。アドラーは言いました。

「第3番目に最も重要なこと……第3番目に最も重要なことは……今あげた二つのことを決して忘れないことです」

――アドラーのこの受け答えは、私たちも質疑応答の際に利用できそうな気がします。それでは最後にもう一つ、アドラーのユーモアがカウンセリングにも用いられていた点についてもふれておきます。

ウィリという10歳の少年は教師に消しゴムを投げつける行為を繰り返していました。公開カウンセリングの場でアドラーはこの少年にこんなぶしつけなことを言います。

「キミは10歳にしては、小さいんじゃないですか?」

少年は憎しみの眼差しでアドラーを睨みつけます。アドラーは気にせず続けました。

「わたしを見てください。40歳にしては小さいでしょう。小さいわたしたちは、自分が大きいことを証明しなくちゃいけないんです。教師たちに消しゴムを投げつけてね」

アドラーはそう言うと、ゆっくりつま先立ちになって、また元に戻しました。

「ウィリ、わたしを見てください。私が何をしているかわかるでしょ。わたしは自分を実際よりも大きく見せているんですよ」

少年はアドラーの格好を見て、いまにも吹き出しそうなのを何とか抑えていました。

クラスに復帰した少年は、アドラーのカウンセリングから３週間後、再び教師に消しゴムを投げつけました。そのとき教師は、少年の前に立つと、ゆっくりつま先立ちになって、また元に戻しました。するとその後、少年は何の問題も起こさなくなったそうです。

――いかがでしょう。共同体生活を送る上で、ユーモアも強力な潤滑剤になることがわかるのではないでしょうか。

●仕事と貢献

私たちはおしなべて共同体に属します。共同体に所属する人が、良好な社会関係を結び、共同体の利益に貢献するには、何らかの役割を果たさなければなりません。これがその人にとっての仕事です。

人は仕事を通して共同体に直接貢献します。また人は仕事を通して自身の生計を立てます。二重の意味で仕事は人生に極めて重要な意味をもたらします。

人の価値は、共同体の分業において人に割り当てられている役割をどのように果たすかということによって決められる。人は、共同体の生を受け入れることによって、他者にとって意味のあるものになり、社会を結びつける無数の鎖の一環になる。この多くを無視すれば、社会生活は崩壊することになる。

『人間知の心理学』Ｐ１３０

人にとって仕事における最初の大きな課題とは、自らがその仕事を見つけ出さなければならない点にあるのではないでしょうか。社会主義国家では、「あなたの仕事はこれです」と決められているかもしれません。しかし与えられた仕事が自分に適しないものだとしたら、そのような社会は地獄でしょう。

これに対して自由主義社会では、その人の自由意思に基づいて仕事を選択できます。これは人々の自由を尊重する上で素晴らしいことです。しかし、この自由にも試練があります。自分のしたい仕事を自ら探し出して、共同体すなわち社会に貢献しなければならないからです。場合によっては希望する仕事に就けないこともあるでしょう。また、そもそも何の仕事も得られないこともあります。これだと社会に貢献したくてもできず、共同体感覚も持てません。しかも、暮らしも成り立ちませんから、生活が荒廃することは必至です。

近年の日本社会では、テロ行為とも言える凶悪な犯罪で、不特定多数の犠牲者を巻き添えにする大事件が後を絶ちません。そうした事件の実行犯が無職であることが多いのは、決して偶然ではありません。無職による共同体感覚の欠如、生活困難による社会への恨み、この悪循環が人を追い詰め、テロまがいの凶悪犯罪へと至らせるのでしょう。

このように考えると、人の人生にとって仕事は、極めて重要な課題であることが容易にわかります。したがって、幼少期から、仕事に対する興味を子どもに持たせるのはとても大切なことです。アドラーは言います。

医師だけでなく、すべての働く人において職業の選択は、精神の原型の主たる関心に微候が示さ

れている。この関心の発達が具体的に仕事として実現するのは、しばしば長い自己訓練の過程である。
『人はなぜ神経症になるのか』P157

したがって、家庭や学校では、次のことを実践していかなければなりません。

私は子どもの注目が学校時代のかなり早い時期に「私は将来何をしたいのか。なぜそうしたいのか」という問いに向けられるべきであると思う。
『人はなぜ神経症になるのか』P158

●将来何になりたいか

幼少期に考えた「将来なりたい職業」は、早期回想と同様、その人の人生にとって重要な意味を持ちます。

アドラーがこのようなことを書いています（『人はなぜ神経症になるのか』P160）。アドラーがある少年に将来何になりたいかと質問したところ、「馬」と答えたといいます。この少年は、赤ちゃんの時に重い病気を患い、長い間ベッドで安静にしていることを余儀なくされました。そこで少年は、馬の動きとスピードに魅了されるようになります。馬に劣等感を持ったのですね。だから馬になりたいと答えたわけです。興味深いのは、この少年がやがて就いた職業です。この少年は、車のエンジニアになることによって、馬の動きとスピードを模倣しようとしたのです。

アドラーが取り上げたこのエピソードはとても示唆的です。例えばここで、現代の子どもたちになりたい職業を尋ねてみたとしましょう。スポーツ選手やケーキ屋さん、医者、看護師、保育士、中にはユーチューバーという言葉なども返ってきそうです。いずれにせよ人によってなりたい職業、なりたかった職業は様々なはずです。

ただし、大人になって、子ども時代に夢見た職業に就いた人は極めて希ではないでしょうか。では、幼少期に将来なりたい職業について考えることは無駄なのでしょうか。いいえ、決してそんなことはありません。

アドラーのエピソードに出てきた少年が、将来「馬」になることは不可能です。しかし、馬が持つ価値を追求することはできます。少年にとって馬が持つ価値とは、馬の動きとスピードでした。少年が自動車のエンジニアという職業に就いたのは、この価値を追求した結果だと言ってもいいように思います。

同じことが、幼少期に考える将来なりたい職業についても言えます。例えば、スポーツ選手ならば、その職業が持つ価値として「集団（または個人）で行動する」「フェアプレーを心がける」「注目を集める」「人々に感動を与える」「身体を動かす」などを挙げられるでしょう。また、医者ならば「命を救う」「人を助ける」「人の支えになる」「人のためになる」「困っている人に手をさしのべる」などの価値を持つでしょう。

もっとも、現実問題として、なりたいと思った子どものすべてがスポーツ選手や医者になれるわけではありません。ただし、注意すべきは、ここで列挙した価値を持つ職業が、スポーツ選手や医者に限られたものではないということです。

例えば、小さい頃、スポーツ選手を夢見ていた子どもが、将来、舞台女優になったとしても驚きに値しません。なぜなら舞台女優も、「集団（または個人）で行動する」「注目を集める」「人々に感動を与える」「身体を動かす」といった価値を持つからです。

また、医者を夢見ていた子どもが将来、消防士になったとしても、これまた驚くに値しません。なぜなら消防士も、「命を救う」「人を助ける」「人の支えになる」「人のためになる」「困っている人に手をさしのべる」の価値を持つからです。

したがって、幼少期になりたい職業が重要なのは、その職業そのものではなく、その職業が持つ価値です。子どもは、理由はわからないけれど、自然とその価値に惹かれてその職業を選んだのでしょう。ただし、その価値を実現するのは、一つの職業に限定されるわけではありません。幼少期に大切だと思った価値を実現する職業は、それこそ無数にあります。そのような職業に就ければ、人生の充実度はもちろん高まるでしょう。

ちなみに、筆者が子どもの頃になりたかった職業は漫画家です。しかし、ご多分にもれず、この夢はもろくも崩れ去りました。大学を卒業して仕事に就く際、「自らの考えを形にして表現する仕事」に就きたいと思い、テレビ局や広告会社を受けて、ものの見事に落ちてしまいました。結局就いたのは小さなイベント会社でイベントを制作する仕事です。その後、紆余曲折を経て現在ではノンフィクション作家として暮らしています。

ただし、いま振り返ると、筆者が選んできた職業は、漫画家が持つ「自らの考えを形にして表現する」という価値を、いずれも持っていたように思います。アドラーが取り上げた馬になりたい子ども、そして筆者の事例からも、子どもの頃になりたかった職業が持つ価値を考えるのは、仕事を選択する際にとても重要な判断材料になると思います。

●人格の拡大としての愛

人生の三つの課題、残るは愛です。愛の課題について検討する上で、再確認しておきたいのが第3章でふれたシナジーについてです。シナジーとは、「利己主義と利他主義を融合せしめる社会的・組織的仕組み」であり、利他的な行為が自分のためになり、利己的な行為が他人のためになる状態を指しました。愛はこのシナジーと密接な関わりを持ちます。まず、この点から愛について考えてみたいと思います。

私は子どもの喜ぶ顔を見たいがためにイチゴを買って帰りました。お土産のイチゴを見せると子どもは大喜びです。美味しそうにイチゴを食べる子どもの姿を見ると、私も思わず嬉しくなってきました。このような場面は、相手が子どもでなく、恋人同士や夫婦間でもごく普通にあると思います。

では、この場面を利己的な立場と利他的な立場で考えてみましょう。

私がイチゴを買ってきたのは、子どもの喜ぶ顔がみたいからです。これは利己的な目的と言えるでしょう。しかし、そのイチゴを食べた子どもは大喜びで、美味しそうにイチゴを食べたわけですから、私の行為は利他的でもあったわけです。

一方で私が、子どもを喜ばせようと思ってイチゴを買ってきたとします。これは子どもの喜びを目的にした利他的な行為です。しかし、子どもが大喜びして、美味しそうにイチゴを食べる姿を見た私も、思わず嬉しくなってしまいました。自分にとっても利益があったわけですから、これは利己的な行為でもあったと言えます。

以上から私の行為は、利己的な行為が利他的でもあり、利他的な行為が利己的でもあることがわかると思います。つまりこれはハイ・シナジーの状態です。このように愛するものの間では、シナジーが高揚するものです。

アドラーにも師事した心理学者アブラハム・マズローは、愛について極めて明確に定義をしました。

マズローの言葉を紹介しましょう。

愛とは、自我、人格、同一性の拡大と定義してよいであろう。これは、きわめて身近な人びと、たとえば、子どもや妻または夫との関係で、誰しも経験したことがあると思う。

マズロー『人間性の最高価値』Ｐ２４６

マズローが言う「自我、人格、同一性の拡大」とは一体どういうことなのか考えてみましょう。たとえば、愛する人が危険な目にあったとします。私は愛する人がどうか危機をくぐり抜けて無事に戻ることを祈るでしょう。また、愛する人が大きな悲しみから涙を流したとしたら、私も思わず涙を流すでしょう。

自分が愛する人とは、本来自分とは別の人格です。それにもかかわらず、その人の経験があたかも自分の経験のように感じます。それゆえマズローは、愛とは人格の拡大、自分とは異なる人格も自分の一部とみなすことだと述べたわけです。

このことから先のイチゴのケースで起こった現象も説明できます。愛を人格の拡大だとすると、私は愛する子どもにまで自分の人格を拡大していました。したがって、子どもの喜ぶことは私の喜びであり、私が喜ぶことは子どもの喜びになったわけです。つまり相手を大切に思う気持ちが、シナジーの高揚を生み出したわけです。

●パートナーとの関係

いま見た例は子どもに対するものでした。これは、異性のパートナーに対しても同じことが言えます。自分にとってのパートナーとは、彼／彼女の喜びや痛みが自分ごとのように感じる人のことです。愛はここに生じます。考えてみれば、パートナーとの愛にあふれた性行為とは、まさにシナジーが極度に高揚した状態だと言えます。よってアドラーはこう言います。

二人の課題は固有の構造を持っており、一人の課題を解決する方法では正しく解決することはできない。この問題を十分に解決するためには、二人はどちらも自分のことをすっかり忘れ、もう一人に献身しなければならない。

『生きる意味を求めて』Ｐ50

ここでは、アドラーが言う「二人はどちらも自分のことをすっかり忘れ、もう一人に献身しなければならない」に注目しましょう。これは相互が相手を無条件に信頼する態度だと言えます。

信用と信頼は別物です。信用は担保を裏付けとして相手を信じる態度です。これに対して信頼とは、担保や裏付けなしで相手を心底信じる態度です。

愛するパートナーは信用するのではなく信頼するものです。互いが無条件に信頼するとき、パートナーとの適切な関係、愛が生まれます。

このように考えると、私的論理の態度で、愛を獲得するのは不可能です。アドラーの言葉に耳を傾けてみましょう。

もしもこの態度（筆者注：私的論理に基づく態度）が個人の人生へのアプローチの背後にあれば、そのような人は、愛と結婚の問題を同じ仕方で解決しようとするだろう。彼（女）は常にたずねるのだ。「私はそこから何を得ることができるのか」と。　『人生の意味の心理学（下）』Ｐ１４４

このような態度から愛を得られるとはとうてい考えられません。結末は次のようになるでしょう。

パートナーのいずれかが、支配するために自分より弱いパートナーを探しているならば、必ず失望する。これは待ち受ける態度だからである。そして、態度が「与える」というものである時だけ成功するというのが、愛と結婚の不変の法則に見える。　『人はなぜ神経症になるのか』Ｐ58

共同体感覚とは、人が全体の一部であること、全体とともに生きていることを実感することでした。これをパートナーとの関係で言い換えると、人がパートナーの一部であること、パートナーとともに生きていることを実感することになります。共同体感覚の高い人は社会的に有用な人でしたが、パートナーとの関係でもその有用性が非常に高いことがわかります。

第7章　人生の意味

誰にでも当てはまるような人生の意味などありません。人生の意味とは、自分が自分の人生に与えるものです。

『アドラーの思い出』Ｐ１３３

●人生の意味とは何か

人生の意味とは何なのか――。なかなか哲学的な問題です。

そもそも人生に意味があるのか。やがて人間は死ぬのに、どうして生きる意味があるのか。そんな人生に意味を見出せるのか。誰しもこのような問いを発し、考えを思い巡らせたことがあるはずです。

しかし、答えはなかなか出なかったのではないでしょうか。最終章はこの難問について考えるのがテーマです。

すでに何度か引用している著作『アドラーの思い出』に、アドラーの弟子だった心理学者アントニー・ブルックが、人生の意味を考える上で、たいへん貴重な一文を残しています。それは、アドラーが人生の意味について語った思い出です。

また別のときに、ある人が、「人生の意味は何ですか？」と尋ねました。アドラーは答えました。「誰にでも当てはまるような人生の意味などありません。人生の意味とは、自分が自分の人生に与えるものです」

『アドラーの思い出』Ｐ１３３

ここでアドラーが提示する「人生の意味とは何か」という問いに対する答えのポイントは次の2点です。

①誰にでもあてはまるような人生の意味などない。
②人生の意味は、自分が自分の人生に与えるものだ。

つまり、人それぞれが自分の人生に、自ら意味を与えます。その結果、人生の意味は人によってまちまちとなり、誰にでもあてはまる人生の意味は存在しなくなります。そもそも私自身の行動の主人は、私自身です。天でも神でも国家でもありません。そうだとすると、人生の意味は自らの手で作り出していかなければなりません。この点について、一時期アドラーのもとで学んだ精神療法家ヴィクトール・フランクルが、大変重要なことを述べています。

まず第一に、そもそもわれわれが人生の意味を問うべきなのではなく、われわれ自身が問われているものであり、人生がわれわれに出した問いに答えなければならないということである。

ヴィクトール・フランクル『フランクル回想録』P68

私たちが人生の意味を問うのではなく、問われているのはまさに私自身だというフランクルの言葉は、大変重みがあります。その重みは、フランクルがナチスによる強制収容所を生き延びた事実によって倍増されます（その体験を綴った『夜と霧』は人生の意味を考える上で必読の書です）。

このようにアドラーやフランクルは、人生の意味は自分自身で作り出すもの、答えは自分自身で見つけ出すものだと言います。しかし中には、「どうせいつか死ぬのに、そんなことしても無意味では」と考える人もいるかもしれません。しかし、人間はいつか死ぬ、つまり生は有限だからこそ、私たちは人生に意味を見出そうとするのではないでしょうか。
無限の人生、つまり死なない人間を想像してみてください。人は死なないのであれば、別に何をする必要もありません。食べる必要もないし、仕事をする必要もありません。寝て暮らしていればよいわけです。しかし、人生は有限であり、有限だからこそ人は意味ある人生をまっとうしようと考えます。いつか死ぬからこそ、人は人生に意味を見出そうとするのです。

●人生の三つの課題と自己実現

では、私たちはどうやって、自らの人生の意味を見出せばいいのでしょうか。実はすでに答えが出ています。私たちは、人生の三つの課題、すなわち「共同体生活」「仕事」「愛」に対処することで、人生の意味を見出していかなければなりません。三つの課題に対して私たちが答えを出していかなければなりません。そして、人生の三つの課題に対して、その人が持つ潜在的可能性を１００％出し切って対処したとき、人は自己実現に達します。こうしてその人なりの人生の意味を見い出せるのではないでしょうか。

ところで、いま自己実現という言葉を用いましたが、これを「なりたい自分になること」だと考えている人が多いように思います。自己実現に対するこの定義が適切な場合もありますが、時に大きな誤りの場合もあります。

そもそも、「自己実現（self-actualization）」という言葉は、心理学者クルト・ゴールドシュタインが初めて用いたもので、アブラハム・マズローが欲求階層説で使用することにより一般にも広く知られるようになりました。マズローは自己実現を次のように定義しています。

自己実現を大まかに、才能や能力、潜在能力などを十分に用い、また開拓していることと説明しておこう。自己実現的人間とは、自分自身を実現させ、自分のなしうる最善を尽くしているように見え、ニーチェの「汝自身たれ！」という訓戒を思い起こさせる。彼らは自分たちに可能な最も完全な成長を遂げてしまっている人々、または遂げつつある人々である。

アブラハム・マズロー『人間性の心理学』P223

このように、その人が持つ潜在能力、潜在的可能性を十分に開発すること、これが自己実現の正しい定義です。この定義から考えると、「なりたい自分になること」が自己実現にならないケースがあることがわかります。

例えば、自堕落な人がいて、毎日家でゴロゴロしているのが、「なりたい自分」だと主張したとします。実際この人が家でゴロゴロしていれば、「なりたい自分」にはなっています。しかし、これが自己実現と言えるでしょうか。マズローの定義からすると自己実現には該当しません。それというのも、この人物は自身が持つ能力や可能性を十分に開発していないからです。したがって、人生の三つの課題に対して、その人が持てる能力、潜在的可能性を、最大限に用いて対処することが、その人の自己実現への道となります。

自己実現を前提に考える場合、人生の三つの課題の中でも特に重要になるのが、仕事を通じた社会（共同体）への貢献ではないでしょうか。もちろん、共同体生活や愛の重要度が仕事よりも低いというわけではありません。ただ、前にもふれたように、人が無職でいると共同体感覚が育ちにくくなり、また思うように生計が立てられないため、社会への不平不満が募りやすくなります。これでは人生に意味を見出すのは困難です。

●仕事と自己実現

では、仕事と自己実現について考えてみましょう。しかし、自分に合う仕事を見つけるのは本当に難しいものです。筆者も職業の選択では随分悩みましたし、なかなか思い通りにもいかなかったものです。

自分の仕事について考える上で、当時の筆者が、知っていれば良かったのに、と思う考え方があります。それは、天職を「価値」「強み」「貢献」の三つの視点で考えるというものです。

もともとこれは、経営学者ジェームズ・コリンズの著作『ビジョナリー・カンパニー②――飛躍の法則』で紹介されていた「針鼠の概念と三つの円」に由来するものです。コリンズは企業が持つべき戦略は、「情熱を持って取り組めるもの」「自社が世界一になれる部分」「経済的原動力になるもの」、この三つが重なる部分に焦点を合わせるべきだと述べました（同書Ｐ１５３）。

このコリンズの考え方をベースに、人が仕事を考える上で考慮すべき３要素として、筆者流にシンプルにしたものが「価値（情熱を持って取り組めるもの）」「強み（自社が世界一になれる部分）」「貢献（経済的原動力になるもの）」というわけです。

「価値」「強み」「貢献」を通じて自分の仕事について考えるには、次の手順を踏みます。

やっていて楽しく充実感を覚える活動は、自分にとって価値ある活動だといえます。まず、自分自身が本当に価値のあると思うこと、それを行うこと自体に熱意を持って取り組めて意義や喜びを伴う活動を考えてみてください。

価値があると思う活動は繰り返して実行します。すると、その分野での知識が増え技術が向上します。これはその人の強みになります。

さらに、この自分の強みを使って、自分にとって価値があると考える活動を通じて、世の中にどう貢献するかを考えます。

平均的な能力で社会に貢献するよりも、右で見た自分の強みを仕事に活かせれば、より大きな貢献を社会にもたらすことができます。共同体としてはより大きな貢献を得られるのですから願ってもないことです。また、価値ある活動を通じ、自分の能力を存分に活用して、社会に貢献できるのですから、自分自身にもメリットがあります。

つまりこういうことです。

①自分がやっていて楽しい活動において（価値）
②卓越した能力を発揮でき（強み）
③しかもそれが世の中に役に立つ（貢献）

この三つについて考えることが、自分の天職を明確にする作業になります（次ページ図参照）。また、天職による社会への貢献は、本来一生涯続くものです。したがって、右に記した三つについて考えることは、自分自身の人生の目標について考えることでもあります。

また、この三つは「価値→強み→貢献」の順で考えるのがポイントになります。例えば、貢献（世の中のニーズ）を優先して考えたとしても、自分の強みが伴わないことも考えられます。仮に伴ったとしても、その活動がどうしても好きになれないことも考えられます。つまり自分の価値に合わ

三つの円

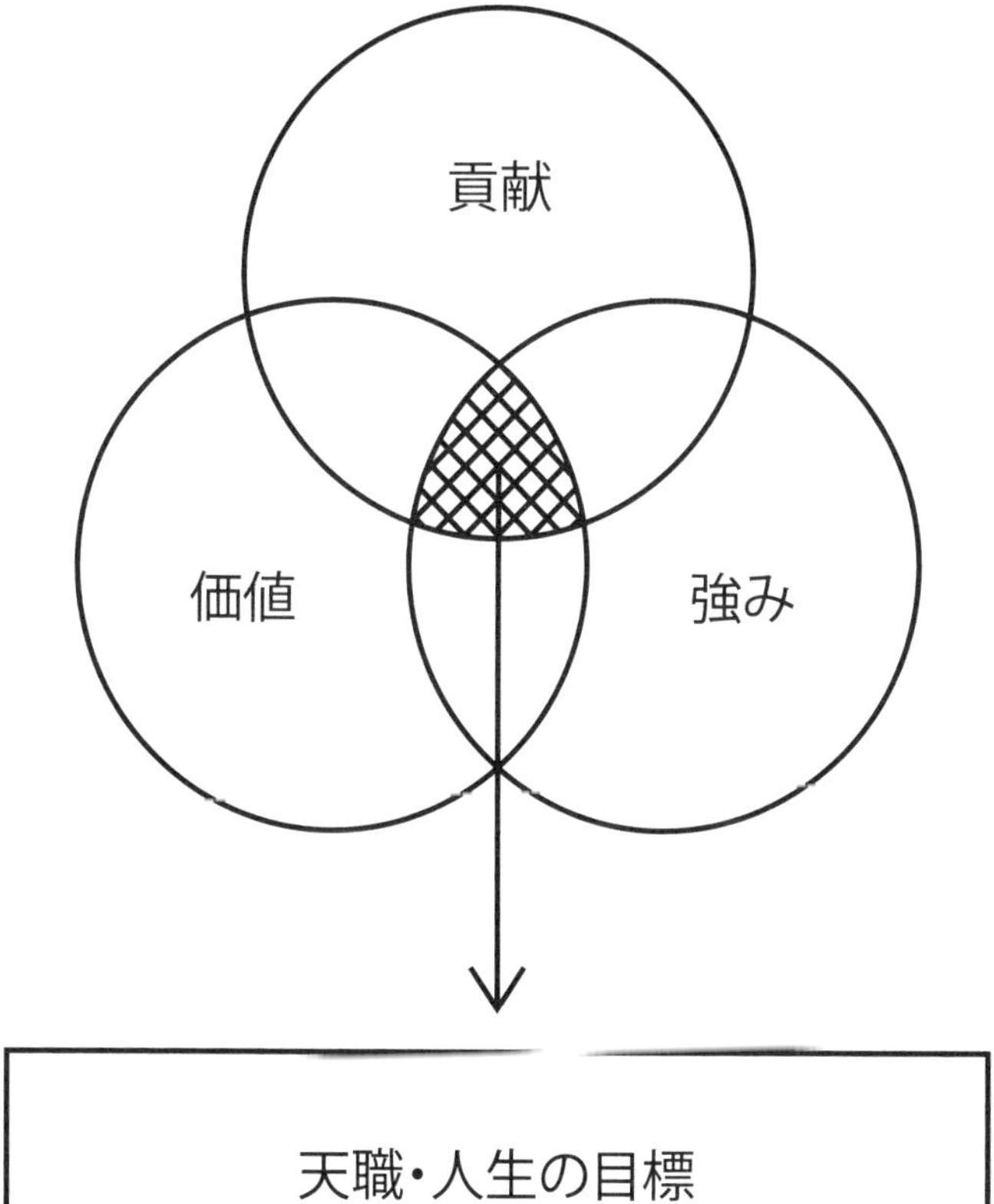

ないケースです。そのため、優先するのは、その活動が自分にとって「価値」があるかどうかです。「強み」や「貢献」が先立つのは適切ではありません。

●1万時間の努力

自分が大切にする価値について考える方法は、すでに本書で紹介済みです。そうです、小さい頃になりたかった職業について考えることです。ただしポイントは、その職業そのものではなく、職業の背景にある価値について考えることでした。

筆者は子どもの頃、漫画家になりたかった話をしました。漫画家の背景には「自らの考えを形にする」「自分の手で作り出す」「高い品質を目指す」「オリジナリティを重視する」「人に夢や希望を与える」などの価値が考えられます。前にもふれたように、これらの価値を実現できるのは、漫画家に限定されているわけではありません。ほかにも多様な職業が考えられます。筆者の場合は、いまやノンフィクション作家として、子どもの頃に誰に強制されたものでもない、ごく自然に重視していた価値を実現しているのかもしれません。

小さい頃になりたかった職業について考え、その背景にある価値を、とにかく五つ列挙してみてください。きっとそこに、皆さんが大切だと考える価値を見出せるはずです。

ところで、人にとって自分に価値があると思う活動が重要なのは、その活動を繰り返し行っても飽きないことです。なんせ、自分にとって価値ある活動なのですから。こうした活動の繰り返しは、その分野に関する知識を豊富にし、技術を高めます。先にもふれたように、これがその人の強みになります。

ただし、強みが本当に強みとして認められるのには長い時間がかかります。自分が持つ強みを、社会が認める本当の強みにするには、一般に1万時間が必要だといわれます。これを1万時間の法則といいます。

この法則は、コロラド大学の心理学者K・アンダース・エリクソンらが1990年代の初頭に着手した研究から得られたものです。

エリクソンらは、西ベルリン音楽アカデミーの支援を受けて、大学でバイオリンを学ぶ学生から30名を選び出し、彼らを10名ずつ三つのグループに分けました。

一つは「最優秀バイオリニスト」と呼ぶグループで彼らは将来国際的なソリストとして活躍する能力を秘めています。次に最優秀バイオリニストほどではないものの、かなり演奏がうまい10名を「優秀バイオリニスト」グループとして選びました。さらに、同じ学校の生徒で入学基準の低い別の学部から10名のバイオリニストを選び、彼らを「(未来の)音楽教師」グループと命名しました。

研究の結果、実に興味深い事実が明らかになりました。それは18歳に達するまでの練習時間の長さです。三つのグループの練習時間の累積平均は次のようになりました。

「最優秀バイオリニスト」　７４１０時間
「優秀バイオリニスト」　５３０１時間
「音楽教師」　３４２０時間

20歳の頃になると、「最優秀バイオリニスト」は、週に30時間以上も練習に費やすようになり、累計練習時間は1万時間を超えるようになっていました。このように、演奏技術と練習時間には明確な関連があることがわかります。上達しようと思えば、まず練習量がどうしても必要だということです。こうして、その道で秀でるには1万時間の訓練が必要であると考えられるようになりました。

●その目標はコントロールできるのか

単に1万時間と書くと、それほど長い時間ではないように思えます。しかし、1日8時間を能力の開発に使ったとします。毎日実践したとしても、1万時間に到達するには、１２５０日かかります。これは約3年半に相当する時間です。「石の上にも3年」といいますが、３年は能力を開発する上で最低限の目安といえるのかもしれません。

1万時間もの努力を続けるには、それがその人にとって価値ある活動であるべきです。そうでなければ、長時間の努力に耐えるのは困難だからです。ここからも最優先事項はやはり自分にとっての価値なのがわかります。

では、特定の分野で1万時間の訓練をすれば、誰もが社会での成功者になれるのでしょうか。残念ながら、なれるかどうかはわかりません。この点を説明するには、私たちが設定する目標には、自分でコントロールできる目標とできない目標がある点についてふれなければなりません。

バイオリンのコンクールに優勝するために1万時間の練習をする、という目標を立てたとします。この目標を検討すると、実は二つの目標が重なっていることがわかります。それは、バイオリンのコンクールに優勝するという目標、それに1万時間の練習をするという目標です。

まず、後者の目標に注目してください。1万時間の練習をするという目標は、自分でコントロールできる目標です。達成するかしないかは自分自身にかかっています。果敢にチャレンジすることも、途中で投げ出すのも、自分次第です。

これに対して前者の目標はどうでしょう。バイオリンのコンクールで優勝するという目標には、自分ではコントロールできない要素が多分に含まれています。そもそも、自分より上手な人がコンクールに参加すれば、優勝するのは困難です。だからといって、その人をコンクールに参加させないように仕向けることはできません。あるいは、審査員が私に好印象を持たないことも考えられます。さらにコンクールの当日、大切なバイオリンを盗まれてしまう可能性だってあります。このように自分でコントロールできない目標には不確実性の要素を多分に含みます。

このように考えると、自分でコントロールできない目標を仮に達成できなかったとしても、それまでに自分で納得のいく努力をしていたのなら、大きく落胆する必要はありません。目標の一部は運によって左右されるからです。このような時こそ「ネガ夫くん」ではなく「ポジ太くん」の態度で考えることが大切です。

ただし、これに対して、自分でコントロールできる目標を達成できなかった場合は、猛省に猛省を重ねるべきです。やるかやらないかは自分次第であり、目標を達成できなかったのは自分がやらなかったからです。責任はすべて自分自身にあります。

「バイオリンのコンクールに優勝する」のように、高い目標を設定することはとても重要です。ただしその目標が、自分でコントロールできない目標ならば、その目標を達成するために必要な、自分でコントロールできる目標を設定することが欠かせません。今回の場合だと、それが「1万時間の練習をする」でした。

1万時間の練習をすれば、知識や技術は確実に向上します。この点に間違いはありません。やるもやらないも自分次第です。ただし、これによって社会的成功を得られるかどうかは別問題です。

というのも、「コンクールで優勝する」といったような社会的成功は、自分でコントロールできる目標ではないからです。

●差別化と統合化

価値があると思う活動で自分の強みをさらに強化することは、優越性の追求と表現することもできるでしょう。これは他の人と比較して、自分の優越性を明確にすることを意味しています。言い換えると、自分の強みをさらに強化することで、自分を他者から徹底的に差別化することです。とはいえ、１万時間の法則からもわかるように、優越性を追求する差別化の道は、多大な努力を必要とします。この点に関してアドラーは次のように述べています。

子どもの全般的な関心は、優越性の目標を実現できるかできないかという感覚によって増えたり減ったりする。成長の過程において子どもはその目標を様々な仕方で達成しようとして失敗するだろうが、子どもはそうした失敗を失意を抱くことなく乗り越えていけるようにならなければならない。われわれの役目は、子どもを意識的なレベルで援助することではなく、魂のレベルで支えることである。

『人はなぜ神経症になるのか』Ｐ１５８

アドラーは子ども教育を前提にして右の言葉を述べていますが、これは大人である私たち自身の優越性の追求についても同じことが言えます。目標を立てて達成する。さらに次の目標を立てて達成する。しかしながら、すべての目標を達成できるわけではありません。当然失敗もあります。失敗したなら、その目標が自分でコントロールできる目標かそうでない目標かを考える。仮に自分でコントロールできない目標だったとしたら、大きく落胆せずに、また新たな目標に向けてチャレンジする。こうした努力を棚上げして、お手軽な方法で優越性を追求する時、私たちは優越性コンプレックスの罠に陥るのでした。

したがって、優越性コンプレックスのように、目標が私的論理に支配されている場合、優越性を追求し、差別化を実現しても、有用性はありません。自分の強みを用いて目標を達成するのは、有用な面においてです。有用な面とは社会（共同体）への貢献でした。

すべての人は意味を追求する。しかし、もしも自分自身の意味が他者の人生への貢献にあるということを認識しない時にはいつも誤るのである。

『人生の意味の心理学（上）』P14

（筆者注：成功するのは）個人的な優越性を追求するのではなく、人生の課題を共同体感覚で解決することに与る時だけである。

『生きる意味を求めて』P21

こうして、徹底的に優越性を追求して差別化した私たちの能力は、社会への貢献へと振り向けられます。そもそも、差別化された突出した能力を遊ばせていては宝の持ち腐れです。アドラーが指摘したように、充実した人生の最大の鍵は他者への貢献です。

したがって、差別化された自身の「優越性＝強み」を、他者への貢献、社会や人類に奉仕する活動に振り向けなければなりません。この活動は、社会への貢献を通じて、自分を社会に統合することです。ですからこちらは差別化に対して統合化を意味しています。

優れた強みを用いれば、世の中への貢献度も高まるでしょう。そうすると、社会からより多くの感謝や報酬を受けられるでしょう。これは人のモチベーションを高め、強みをさらに強化する動機づけとなり、それが社会へのさらなる大きな貢献に用いられます。

徹底して自分の強みとなる能力を開発して（差別化）、その能力でもって社会に貢献する（統合化）。この両立あるいは繰り返しが、充実した人生を送る鍵になるのだと思います。そして、際立った優越性を有している人が社会に統合化されるほど、他者に対する貢献度も高まります。

このように差別化と統合化は、自己の潜在能力を最大限開発して、社会に貢献することを意味しています。これは「その人が潜在的に持っているものを実現」するとともに「よりいっそう自分自身であろうとし、自分がなりうるすべてのものになろうとする」こと、つまりマズローが述べた自己実現を目指す活動と、まさに軌を一にします。

●強みを強化する極意

自分の強みをさらに強化するには、フィードバック分析を行うのが欠かせません。この手法は経営学者ピーター・ドラッカーが提唱したものです。

まず、自分の強みを用いて社会に貢献する目標を立てます。その際に、①実行すべき活動、②デッドライン（締め切り）、③期待する具体的な成果を明らかにします。そしてその目標達成に向けて行動します。さらに行動した結果、目標を達成できたのかどうかを検証します。その際に、次の3点について検証します。

①優れた点は何か
②一生懸命やった点は何か
③お粗末な点や失敗した点は何か

私たちは「自分ならばうまくできる」と思い込んでいる活動があるものです。ところが、期待と結果を比較すると、できるはずの活動がうまくできていないことがあるものです。これとは逆に、苦手だと思っていたタイプの活動が、継続できてしかもうまくいくことがあります。当初期待した成果と結果との比較は、こうした思い込みを解消するのに役立ちます。

続いて、得られた分析結果から、次の三つを明らかにします。

①集中すべきことは何か
②改善すべきことは何か
③勉強すべきことは何か

ここでのポイントは、弱みではなく強みに注目することです。集中すべきこととは強みの強化です。また、改善すべきこととは、強みをより強くするための弱点の克服です。

これらを通じて、よくできることをもっとできるよう、次の目標にフィードバックします。そして、目標のハードルを、自分の能力よりも少し高い所に設定し、目標実現のために行動します。そして結果を検証して、さらに次の目標へフィードバックします。このような活動を繰り返すことを、筆者は「人生のフィードバック・ループを回す」と呼んでいます（168ページ図参照）。

この人生のフィードバック・ループを回す原動力となるのが目標です。もちろんその目標は私的

人生のフィードバック・ループ

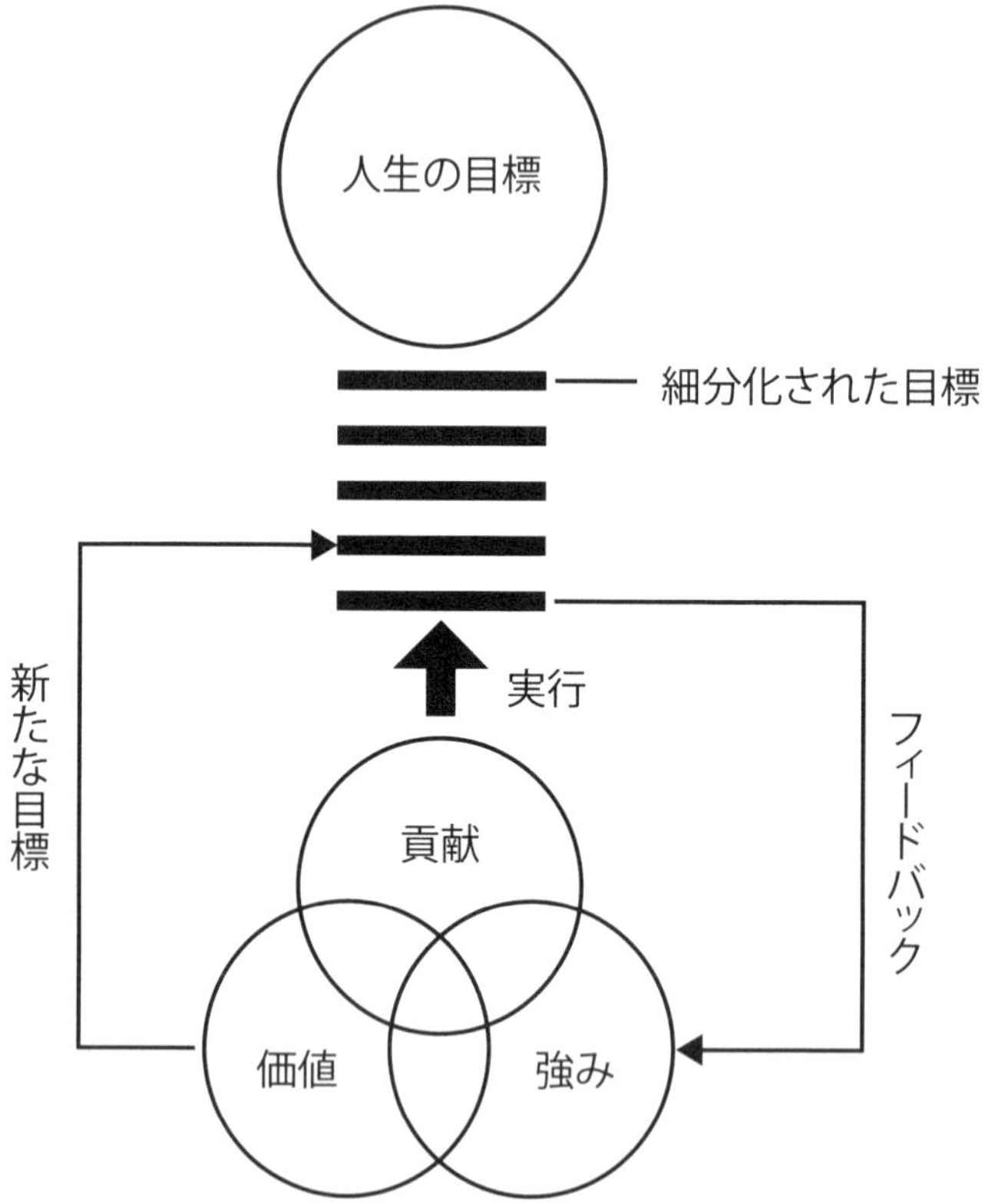

論理に支配されたものではなく、社会貢献的なもの、共同体感覚に準じたものでなければなりません。そして、常に高い目標を掲げ続ければ、私たちの潜在的能力の開発は右肩上がりに進展するはずです。

●フローチャンネルとは何か

人生のフィードバック・ループは、ハンガリーの貴族を出自とする心理学者ミハイ・チクセントミハイが提唱したフロー体験に重ね合わせると、その構造がより明瞭になります。

フロー体験とは、ある人が特定の行為に没入している時、その人が感じる包括的感覚を指します。「我を忘れる」とよく言いますが、そのような状態がフロー体験です。チクセントミハイはフロー体験を次のように表現しています。

> 一つの活動に深く没入しているので他の何ものも問題とならなくなる状態、その経験それ自体が非常に楽しいので、純粋にそれをするということのために多くの時間や労力を費やすような状態。
>
> ミハイ・チクセントミハイ『フロー体験――喜びの現象学』Ｐ５

フロー体験は、目標が明確で、スキルとチャレンジのバランスがとれたぎりぎりのところで活動している時に生じます。チクセントミハイは、このフローの状況を極めてシンプルな図で表現しました。縦軸が「挑戦（チャレンジ）」の高低、横軸が「能力（スキル）」の高低を示した図です（次ページ図参照）。そして、図の中央には左下から右上へ帯状の領域があります。

この帯状の領域をフローチャンネルといいます。その特徴は「スキルとチャレンジのバランスがとれたぎりぎりのところ」を示している点です。つまり、自分が挑戦する課題と、その課題に対処する自分の能力とがぎりぎりのところで均衡している領域、これがフローチャンネルです。フロー体験は、このフローチャンネル上で生じます。

しかし私たちの挑戦と能力がいつも均衡しているとは限りません。挑戦する課題のレベルは高いけれど、それに能力がついていかない場合、私たちは心配や不安を感じるでしょう（図の左上の領域）。また逆に能力は十分過ぎるぐらいあるのに、課題のレベルがあまりにも低いと、私たちは退屈してしまいます（図の右下の領域）。いずれの状態でもフローを体験するのは困難です。

さらにこのフロー状態のモデルは、フロー体験が生じる位置を示すにとどまりません。このモデルは私たちがその潜在能力を開発する経路（チャンネル）をも表現しています。

横軸の能力に着目してください。能力の向上は時間と密接に関係しています。1万時間の法則に従うと、能力の向上と時間には強い相関関係があります。

誰しも最初は能力的に未熟です。これはフロー状態のモデルで示すと、横軸の左端近くに位置し

フローの状態のモデル

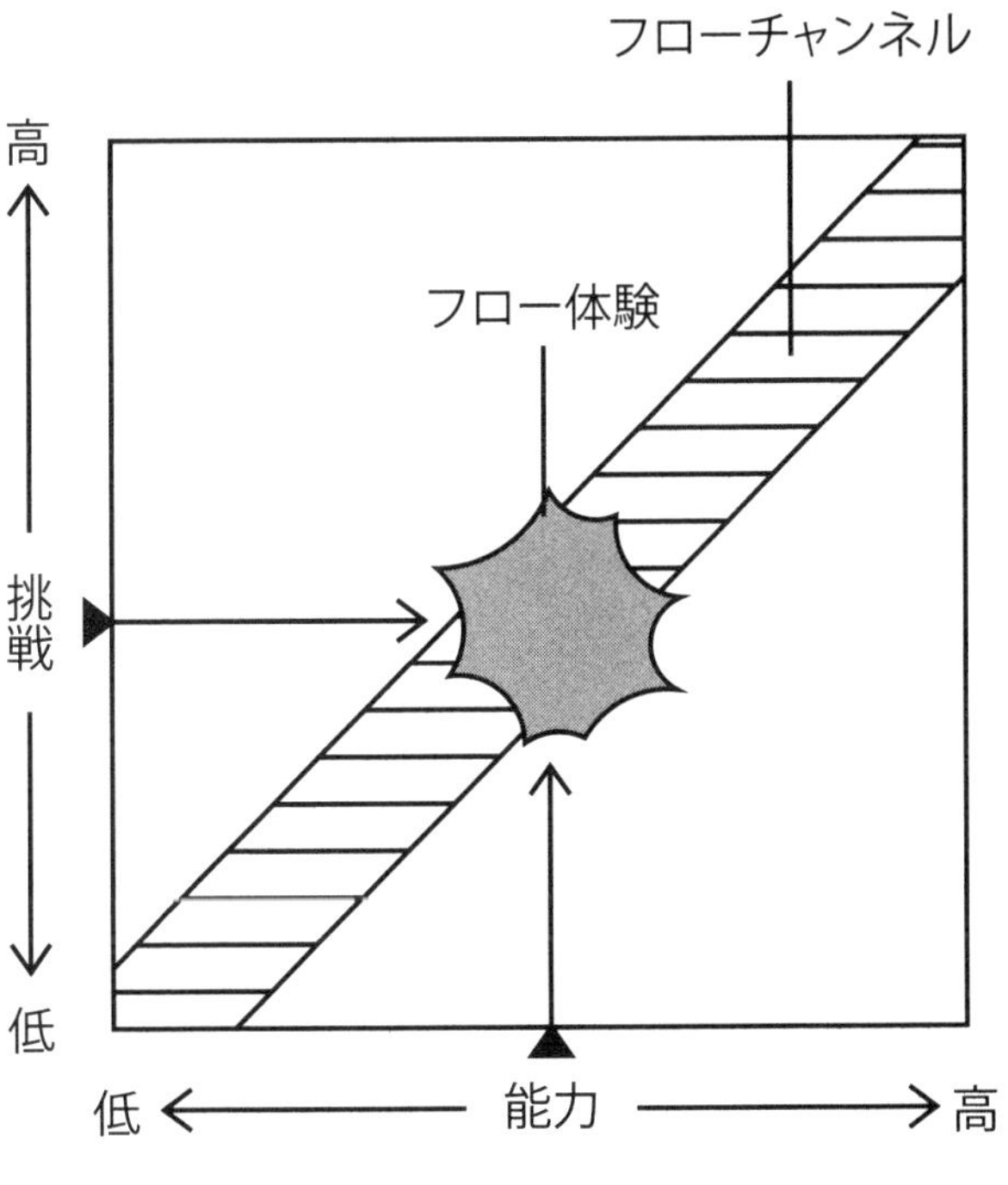

出典：ミハイ・チクセントミハイ『喜びの現象学』
P95を基に作成

ていることを意味します。そして、自分の能力と等しいか、それよりもちょっと上の課題に挑戦したとしましょう。この課題こそが目標であり、この目標は能力と挑戦が交差するフローチャンネル上に存在します。

首尾良くこの目標をクリアしたら、横軸の位置を右に少しだけずらし、その能力と等しいか、それよりもちょっと上の課題に再び挑戦します。つまりこれは新しい目標です。そしてこの目標もクリアできたら、さらに高い能力を要する課題にチャレンジします。

この作業をたとえば1万時間続けたとしたら、私たちの能力は横軸の右側に移動し、これに従ってチャレンジする課題（目標）も高まります。

そして目標を達成する過程でフロー体験を味わっているとしたら、その人生はまさに充実した素晴らしいものになるはずです。

しかもその過程で、私たちは潜在的能力を開発しますから、人間的な成長も実現しています。つまりフローチャンネルは、人が持つ潜在能力を開発する経路（チャンネル）、人間成長のフロー（流れ）をも示しているわけです。

●フローチャンネルに人生のフィードバック・ループを重ねる

では、このフローチャンネルに人生のフィードバック・ループを重ね合わせます（174ページ図参照）。まず、「価値」「強み」「貢献」からなる三つの円の「価値」について考えてみましょう。価値ある活動とは、やり甲斐のある活動、つまり「チャレンジするに値する活動」と言い換えられるでしょう。よって、フロー状態のモデルの縦軸「挑戦」は、三つの円の「価値」と強く結びつきます。

次に「強み」に注目します。強みとは自分が持つ能力の中で、人に負けない自信がある部分です。自分が人に誇れる「能力」や「スキル」です。こうしてフロー状態のモデルの横軸「能力」は、三つの円の「強み」と直結します。

しかし「価値」と「強み」を私的論理に支配された目標に用いたのでは自己満足の域を出ません。他者へ貢献する目標であることが必要です。「貢献」の円を見てください。円の中心がフローチャンネルに重なるように配置されています。これはフローチャンネルを右肩上がりで進むには、他者への貢献が欠かせないことを意味しています。

さらに、三つの円が重なる部分が、フローチャンネルの真上にある点にも注目してください。三つの円の重なる部分は、仕事を通じて達成すべき目標、いわば人生の目標に相当しました。ここでは人生の目標を細分化した短期の目標だと考えましょう。つまりこの短期の目標がフローチャンネルの上にきているわけです。

フローチャンネルと人生のフィードバック・ループ

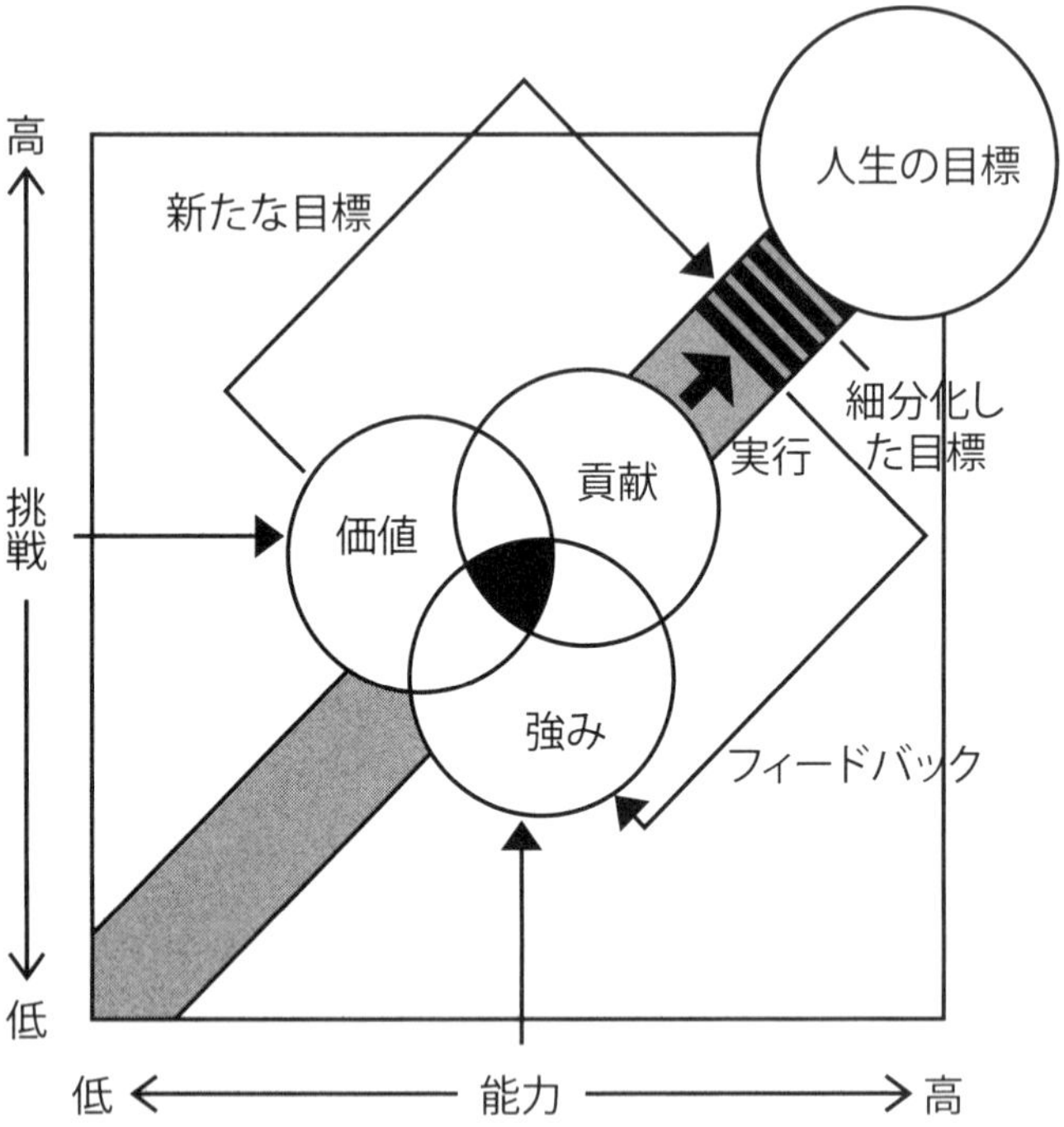

フローチャンネルは「挑戦＝価値」と「能力＝強み」がバランスするぎりぎりのところを意味しています。フローチャンネル上にあるこの目標を右肩上がりで達成し続けることで、私たちの潜在能力は継続して開発され、その能力が他者への貢献に振り向けられるわけです。

そして、右肩上がりのフローチャンネルが行き着く先は、究極の人生の目標の達成です。人生の意味の実現です。人生の意味は人によって千差万別です。しかし、人が持つ潜在能力が最大限に発揮された状態、すなわち自己実現が達成された状態であることは、万人に違いがありません。

潜在能力を100％発揮するのは、しょせん理想論で実現は難しいかもしれません。しかし、理想を追求することはできます。目指すか目指さないかは、私たち自身にかかっているのです。

●超越的自己実現と共同体感覚

すでに述べたように、自己実現という言葉はマズローの欲求階層説によって一般に広がるようになりました。この欲求階層説は、俗に「マズローの欲求5段階説」と呼ばれるものです（マズロー自身は特に5段階を強調していません）。

この理論では、人間の欲求は階層をなしていて、下位の欲求を満足させると上位の欲求が頭をもたげると考えます。欲求の階層は下位から順に、生理的欲求、安全の欲求、所属と愛の欲求（集団に所属し誰かから愛されたい欲求）、承認の欲求（集団や他者から認められたい欲求）、自己実現の欲求からなります。下位の欲求とは優先順位の高い欲求と言い換えられます。

ただし、下位の欲求が１００％満たされたら上位の欲求が現れるわけではありません。下位の欲求がある程度満たされたら、上位の欲求が現れるというのがマズローの考えでした。マズローは独断と断った上で、一般的な人間の場合、それぞれの欲求の満足度は、生理的欲求（85％）、安全の欲求（70％）、所属と愛の欲求（50％）、承認の欲求（40％）、自己実現の欲求（10％）程度だと見積もっています。

自己実現を人間が持つ潜在能力を１００％発揮した状態だと考えると、それはマズローが指摘した五つの欲求についても１００％満足させている状態となるでしょう。これは、共同体生活、仕事、愛という人生の三つの課題に適切に対処することで、五つの基本的な欲求を、それぞれ１００％満たすことを意味しています。

「生理的欲求」に「愛」や「仕事」は欠かせません。「安全の欲求」には「共同体生活」が重要な役割を果たすでしょう。また、「所属と愛の欲求」「承認の欲求」には、「共同体生活」「仕事」「愛」のそれぞれが、「自己実現の欲求」には特に「仕事」が深く関わります。

このように自己実現の鍵となるのが、人生の三つの課題への対処です。人生の三つの課題への対処は、自己の潜在能力を最大限に開花させる活動、自己実現に至る活動でもあるわけなのです。

さらに晩年のマズローが、自己実現を超越的な自己実現と超越的でない自己実現の２階層に分けた点も要注目です。両者は超越経験を重視するかしないかによって分類されます。

超越経験とは、宗教的経験や神秘的経験、創造的な恍惚感、成熟した愛の瞬間など、最高の幸福と充実の瞬間を指します。階層で考えると、超越的な自己実現者が上位、超越的でない自己実現者が下位になります。

超越的な自己実現者は、瞑想者であり、審美的で情緒的・内的経験を大切にします。これに対して超越的でない自己実現者は、行動する人であり、効果的・実際的を重視し、現実検証や認知において優れている人を指します。

では、この超越的を「自己超越的」ととらえましょう。すると、超越的でない自己実現者は、自己の潜在能力を存分に開発しているけれど、自己超越には至っていない人になります。これに対して超越的な自己実現者は、自己の潜在能力を存分に開発しているばかりか、自己をも超越していることになります。

ここで思い出したいのが、アドラーの述べた共同体感覚に関する言及です。アドラーは共同体感覚を拡大していくと、パートナーや家族のみならず、地域や社会、民族、さらには全人類まで広がると述べました。それだけではありません。全人類の限界を超えて、動植物や無生物、さらには地球、ついには遠く宇宙まで広がることもあると主張しました。

この人類や地球、宇宙と一体になる感覚は、まさに超越的です。おそらく共同体感覚を宇宙まで拡大した人は、マズローが指摘した超越的な自己実現者のレベルに達しているといえるでしょう。

こうして、「共同体生活」「仕事」「愛」という人生の三つの課題に対処し、「価値」「強み」「貢献」を通じてフローチャンネルを右肩上がりに移行していくと、その先には超越的な自己実現に至ることさえあり得ると考えられます。

私たちは自分で人生を作っていかなければならない。それは、私たち自身の課題であり、それを行うことができる。私たちは自分自身の行動の主人である。何か新しいことがなされなければならない、あるいは、何か古いことの代わりを見つけなければならないのであれば、私たち自身にしかできない。

『人生の意味の心理学（上）』Ｐ32〜33

アドラーが言うように、確かに行動の主人は自分自身です。自分自身で人生の意味を、自己実現を、超越的自己実現を目指していかなければなりません。

確かに真の意味での自己実現、さらに超越的自己実現は、やはり理想論であって実現は不可能かもしれません。しかし、何度も繰り返しますが、理想を目指すことはできます。目指すか目指さないかは私たち次第なのです。

おわりに

最終章でふれた自己実現と共同体感覚について補足をして、本書の終わりにしたいと思います。

アブラハム・マズローの欲求階層説（マズローの欲求5段階説）は、一般に図解で解説されるものです（マズロー自身は特に図解はしていません）。この図解では三角形を5分割して、下から順に生理的欲求、安全の欲求、所属と愛の欲求、承認の欲求、自己実現欲求をあてはめています。見たことがあるという方がきっと多いに違いありません（180ページ図参照）。

マズローによると、一般的な人間の場合、それぞれの欲求の満足度は、生理的欲求が85%、安全の欲求が70%、所属と愛の欲求が50%、承認の欲求が40%、自己実現の欲求が10%程度だと述べました。これは三角形を5分割したそれぞれの面積の割合と考えていいかもしれません。

では、この三角形に対して、自己実現した状態とはどのように図示できるのでしょうか。自己実現とは、自分が持つ潜在的能力を十分に発揮させている状態でした。このような状態では、マズロー

人間成長としての三角形・四角形・円

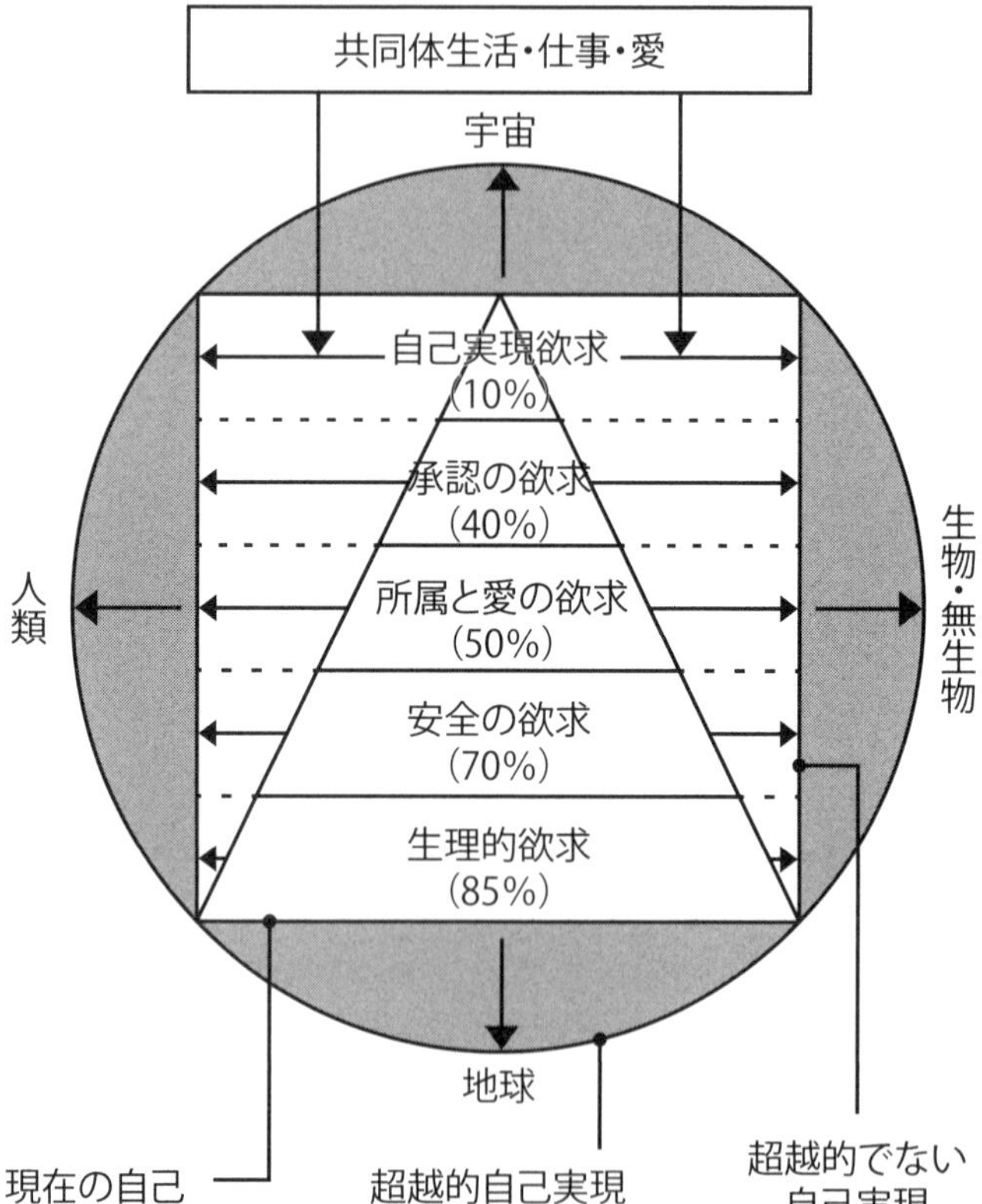

の示した五つの欲求を100%満たしていると考えるのが妥当です。

したがって、三角形を囲む四角形が、自己実現の状態を象徴していると考えられます。そして私たちは、「共同体生活」「仕事」「愛」という人生の三つの課題に取り組むことで、三角形を四角形にするよう努めているわけです。

さらにマズローは、自己実現には超越的自己実現と超越的でない自己実現があると考えました。四角形の状態を自己実現した自己だと考えると、超越的自己実現は文字通りこの自己を超越することになります。これを図示するには、四角形を囲む円を描けばいいのではないでしょうか。

つまりこの図は、三角形が現在の自己、四角形が超越的でない自己実現者、そして円が超越的自己実現者、それぞれを表現しているわけです。

その一方で、アドラーは共同体感覚が拡大していくと、民族から人類、さらに動植物や無生物をも含め地球全体、さらには遠く宇宙まで広がることがあると述べました。このように共同体感覚は自己をはるかに超越する性格を有しています。これは四角形を囲む円が、アドラーの指摘した共同体感覚をも象徴的に表現していると言えるのではないでしょうか。このように、「現在の自己=三角形」「自己実現=四角形」「超越的自己実現=円」の組み合わせは、マズローやアドラーの思想を説明するのにとても好都合です。

また、この三つの図形の組み合わせは、人間の成長を象徴的に示していることがわかると思います。

この人間の成長についての別表現が、フローチャンネルに人生のフィードバック・ループを組み合わせたものです。フローチャンネルの行き着く先が、「自己実現＝四角形」さらには「超越的自己実現＝円」であったとしたら、私たちの人生の意味は極めて豊かなものになるはずです。

なお、フローチャンネルと人生のフィードバック・ループについては、拙著『アドラー心理学による「やる気」のマネジメント』『アドラー心理学による「強み」のマネジメント』（いずれもアルテ）においてすでにふれています。重複する部分もありますが、本書と併せてご覧いただけると幸いです。

最後に、本書の成立は、企画をご提案くださった市村敏明・アルテ社主に端を発します。執筆の機会を与えてくださったことに、この場を借りて心より感謝いたします。

２０１９年９月

琵琶湖畔・大津勧学にて筆者識す

参考文献

●アドラーの著作（アドラー・セレクション）

生きる意味を求めて　アルフレッド・アドラー　岸見一郎　アルテ
教育困難な子どもたち　アルフレッド・アドラー　岸見一郎　アルテ
個人心理学講義　アルフレッド・アドラー　岸見一郎　アルテ
個人心理学の技術Ⅰ　アルフレッド・アドラー　岸見一郎　アルテ
個人心理学の技術Ⅱ　アルフレッド・アドラー　岸見一郎　アルテ
子どもの教育　アルフレッド・アドラー　岸見一郎　アルテ
子どものライフスタイル　アルフレッド・アドラー　岸見一郎　アルテ
人生の意味の心理学（上・下）　アルフレッド・アドラー　岸見一郎　アルテ
性格の心理学　アルフレッド・アドラー　岸見一郎　アルテ

人間知の心理学　アルフレッド・アドラー　岸見一郎　アルテ
人はなぜ神経症になるのか　アルフレッド・アドラー　岸見一郎　アルテ

●アドラー以外の著作

アドラー人生を生き抜く心理学　岸見一郎　NHK出版
アドラー心理学がよくわかる本　中野明　秀和システム
アドラー心理学入門　ロバート・W・ライディン　前田憲一　一光社
アドラー心理学による「強み」のマネジメント　中野明　アルテ
アドラー心理学による「やる気」のマネジメント　中野明　アルテ
アドラー心理学の基礎　R・ドライカース　宮野栄　一光社
アドラーの思い出　D・J・マナスター、G・ペインター、D・ドイッチュ、B・J・オーバーホルト
柿内邦博、井原文子、野田俊作　創元社
アドラーの生涯　エドワード・ホフマン　岸見一郎　金子書房
究極の鍛錬　ジョフ・コルヴァン　米田隆　サンマーク出版
現代の経営（上・下）　P・F・ドラッカー　上田惇生　ダイヤモンド社
真実の人間　エドワード・ホフマン　上田吉一　誠信書房

どうしたら幸福になれるか（上・下）　W・B・ウルフ　周郷博　岩波書店

人間性の最高価値　A・H・マズロー　上田吉一　誠信書房

人間性の心理学　A・H・マズロー　小口忠彦　産業能率大学出版部

初めてのアドラー心理学　アン・フーバー、ジェレミー・ホルフォード　鈴木義也　一光社

ビジョナリー・カンパニー②――飛躍の法則　ジェームズ・C・コリンズ　山田洋一　日経BP社

フロー体験――喜びの現象学　チクセントミハイ　今村浩明　世界思想社

勇気の心理学――アルフレッド・アドラーが1時間でわかる本　中野明　学研パブリッシング

論理療法　A・エリス、R・A・ハーバー　國分康孝、伊藤順康　川島書店

マ行

ヤ行

ラ行

サ行

タ行

ナ行

ハ行

索　引

◆著者

中野　明（なかの　あきら）

1962年、滋賀県生まれ。立命館大学文学部哲学科卒業。ノンフィクション作家。同志社大学理工学部非常勤講師。著書に『アドラー心理学による「やる気」のマネジメント』『アドラー心理学による「強み」のマネジメント』『マズロー心理学入門』『マズローを読む』『マズロー100の言葉』『人間性心理学入門』『ポジティブ心理学は人を幸せにするのか』（以上アルテ）ほか多数。

アドラーを読み解く
――著作から学ぶ個人心理学

2019年10月15日　第1刷発行

著　　者　中野　明
発 行 者　市村　敏明
発　　行　株式会社　アルテ
〒170-0013　東京都豊島区東池袋2-62-8
BIGオフィスプラザ池袋11F
TEL.03(6868)6812　FAX.03(6730)1379
http://www.arte-pub.com
発　　売　株式会社　星雲社
〒112-0005　東京都文京区水道1-3-30
TEL.03(3868)3275　FAX.03(3868)6588
装　　丁　川嵜　俊明
印刷製本　シナノ書籍印刷株式会社

ISBN978-4-434-26677-5 C0011